［日］田中明彦 著

沈艺 奚伶 译

危机后的世界

驱动新多极时代的力量原理

ポスト・クライシスの世界

田中明彦

新多極時代を動かすパワー原理

POST CRISIS NO SEKAI by Akihiko Tanaka

Copyright ⓒ Akihiko Tanaka 2009

All rights reserved.

First published in Japan by Nikkei Publishing, Inc., Tokyo.

This Simplified Chinese edition is published by arrangement with

Nikkei Publishing, Inc., Tokyo in care of Tuttle - Mori Agency, Inc., Tokyo

本书根据田中明彦（日本）2009年版本译出。

目 录
CONTENTS

前　言 ………………………………………………… 001

序　章　"新·危机的 20 年"
　　　　——1989~2009 年 ……………………… 001

　第一节　"新·危机的 20 年"？……………………… 001
　第二节　"单极世界"？………………………………… 004
　第三节　自由放任的胜利？…………………………… 008
　第四节　全球化加速 …………………………………… 011

第一章　金融危机中的国际政治学
　　　　——大崩溃能够避免吗？ …………………… 015

　第一节　对国际政治的影响
　　　　　——保护主义的危险 ………………………… 015
　第二节　"非持久国"的相位
　　　　　——以近代世界体系为视角出发 …………… 024

001

第三节　2008年危机后的矛盾呈现在何处？………… 037

第二章　"多极时代"的历史性探讨
　　　　——超长期趋势与循环 ………… 051

第一节　中国与印度"再度"成为大国 ………… 051
第二节　21世纪的"多极"是什么样的时代？…… 062

第三章　驱动世界体系的新实力原理

第一节　"硬实力"与"软实力"的再探讨 ………… 072
第二节　21世纪的世界体系 ………… 091

第四章　奥巴马的难题

第一节　美国拥有的资源 ………… 110
第二节　使用资源的能力 ………… 123
第三节　奥巴马的陷阱 ………… 131

第五章　成长与危机中的亚洲 ………… 137

第一节　冷战20年后的亚洲 ………… 137
第二节　东亚的危机 ………… 140
第三节　南亚：印度的复活和阿富汗、巴基斯坦 …… 144
第四节　危机后的亚洲 ………… 149

第六章　结论　新的领导 ………… 162

译后记 ………… 177

前 言

  2009年1月20日，巴拉克·奥巴马就任美国第四十四任总统。美国史上首位黑人总统，高超的演讲技巧，给美国带来变化这一狂热的国民期待……毋庸置疑，新总统奥巴马是一位禀赋卓越的领导人。不仅在美国国内，而且以欧洲诸国为首的世界各国皆强力支持着奥巴马新总统。

  然而，奥巴马总统所面临的课题颇为棘手——1929年经济大恐慌以来最深刻的全球危机及其对实体经济的影响。安保方面，在奥巴马重视的阿富汗，形势反而趋于恶化。作为长期课题的应对气候变化对策亦非容易切入的问题。

  当然，以上这些并非奥巴马一人的课题，是世界各国领导人，以及我们世界全体公民的课题。为了渡过现在的危机共赴新世界，即"危机后的世界"，不只需要奥巴马总统的努力，还需要世界各国间的合作、世界上各种各样的机构携手，终极而言，需要每一个人的协作。

本书的目的并不在于针对以上课题提出具体的解决之道，而在于展现笔者关于如何理解直面危机的世界现状的思考。正如序章中将会提及的那样，笔者以为当前的危机是冷战结束20多年来持续不断的各类危机导致的最终局面。而眼下的课题在于如何防止这场危机走向大崩溃。

我认为，大崩溃能够被预防，但前提是有必要对走向大崩溃的可能性进行充分考察。这便是第一章所讨论的主题。不但要分析20世纪30年代的状况，而且要不可避免地论及近代世界体系的发展，叙述使20世纪30年代金融、经济危机转化为政治、军事危机的纳粹、日本军国主义的动向，在此基础上，探讨在现代世界体系中是否可能存在与纳粹、日本军国主义构造相似的组织形态，并将试论俄罗斯、中国、印度、伊朗四国可能出现的情况。

假使大崩溃能够被回避，此后的世界将会如何呢？换言之，危机后的世界将会如何。第二章则涉及超长期趋势及其诠释，并将探讨2030年以前的世界"多极化"趋势的意义所在。以此次金融危机为契机，对于世界"多极化"的议论突然一涌而出。然而，其意义却因论者不同而各异。在此，笔者想要指出，21世纪的"多极"迥异于18世纪、19世纪至20世纪前半期的"多极"。

那么，在21世纪危机后的世界里，国际政治是基于何种力量原理而展开的呢？我将在第三章剖析新力量原理、世

前 言

界性决断、国际协调等问题。笔者曾在《言辞政治》（筑摩书房，2000年）中论述，世界迄今为止的权力政治逐渐向"言辞政治"（word politics）过渡，不过当时几乎未对言辞与权力的关系做理论性探讨。第三章的内容或许有些偏离本书主题，却试图深入言辞与权力的关系适当地展开分析，进而讨论在危机后的世界提升以知识为基准的陈述能力的重要性。

仅仅进行抽象性讨论，将无法把握现实政治的动态。虽然世界向多极发展，而且美国是引发危机的罪魁祸首，但本书仍然坚定地认为，美国今后将继续占据决定性地位。奥巴马政权下的美国存在怎样的可能性？奥巴马政权不得不提防的陷阱有哪些？这便是第四章的主旨所在。

对日本而言，亚洲的动向与美国同等重要。第五章尝试整理冷战后的亚洲是如何发展的。这一章也会探讨日本的亚洲政策，其中将论及通过国际协调使得中国作为安定、繁荣的国家成功实现软着陆是日本的最大目标之一，为此，必须维持信用度极高的日美安全保障体制。

最后一章将基于第三章的新实力原理及其他章节对具体的国际政治情况的分析，探讨日本今后在国际政治中如何发挥积极的作用。我认为，尽管人口与经济总量等相对下降，但日本依然保持着持续发挥世界级影响力的潜力。不过，正因为如此，需要采取措施最大限度地挖掘日本的能力。

我在1996年写成的《新"中世"》（日本经济新闻社出版）一书中展示了一幅冷战后世界体系的粗略示意图。这幅图即使到现在，也基本不存在修改大框架的必要性。可是，关于"新中世"的权力与政治，笔者则认为有必要进一步开展理论性的考察，并已尝试在几篇论文中提及了"言辞政治"等概念。

此后，"9·11"事件发生，笔者渐渐感到，包括现代国际政治中恐怖主义的定义等在内，世界体系相关的理论思考也有必要再做一次整理。不过，作为研究人员，我既要考虑写作一部以当前东亚为中心的现代国际政治史（《亚洲中的日本》，NTT，2007），同时又不得不承担大学的行政类工作，以致整理工作进展缓慢。就在这一当口，2008年9月爆发了世界级的金融危机。

我想着，这下糟了！包含这一局势在内的理论性再构筑需要数年准备。2008年10月中旬，日本经济新闻社拜托我即刻将之总结成书，尽管我回复目前毫无准备，腾不出时间，但日本经济新闻社还是提议以12月寒假的集中讲义形式进行口述，并在此基础上归纳成文。

其结果便是本书的诞生。本书基于我至今对国际政治相关理论发展的思考，完全依据报纸、媒体的报道，边进行口述边思考，撰写而成。就我本人而言，作为一本短期著作，虽已倾尽全力，但依然存在意犹未尽之处，只得留待读者阅后再做判断了。

总而言之，若没有日本经济新闻社的推动，就没有本书，在此向相关人员致以深深的谢意。

田中明彦

2009 年 2 月

序章

"新·危机的20年"

——1989~2009年

第一节 "新·危机的20年"?

冷战后的20年

若以1989年秋柏林墙倒塌为冷战终结标志,2009年便成了冷战结束的第20个年头。冷战这一重大纪元、时时挂念国际级对决的时代落下帷幕已20年了。对人类而言,幸运的是,冷战结束20年间,至少主要大国间未发生战争。

然而,冷战终结初始屡次被提及的是,从此开始反而进入了不稳定的时代。芝加哥大学的约翰·米尔斯海默教授在论文《回到未来》中叙述到,从今往后"回到"未来,不过回去的未来将如19世纪那般,是个多极、不稳定的时代,总之透着一股怀念冷战时期的味道〔John J. Mearsheimer, "Back to the Future: Instability in Europe After the Cold War," *International Security*, Vol. 15, No. 4（Summer 1990）〕。

米尔斯海默教授的"预言"有一部分并未言中，即大国与大国间的战争没发生，欧洲也未成为不稳定地区。不过，很难说冷战落幕后这 20 年是完全和平、稳定的时期。回首这 20 年，尽管大规模战争未爆发，危机状况却连连发生。

E. H. 卡尔《危机的 20 年——1919～1939》

提起战争结束"20 年"，让人联想到一本书——E. H. 卡尔的《危机的 20 年——1919～1939》①（井上茂译，岩波文库）。

E. H. 卡尔在日本以《历史是什么》（清水几太郎译，岩波新书）和《布尔什维克革命的历史分析》为人所熟知，是位历史学家，但亦可称为与汉斯·摩根索等比肩的 20 世纪现代国际政治学创始人。而确定卡尔现代国际政治学创始人地位的便是这本《危机的 20 年——1919～1939》。

E. H. 卡尔在书中回顾第一次世界大战结束后的 20 年，

---

① 汉译本为：〔英〕爱德华·卡尔著《20 年危机（1919～1939）：国际关系研究导论》，秦亚青译，世界知识出版社，2005。该书引文译文见第 224 页。——译者注

谈到对于分析国际政治的现状，理想主义式的分析方法已不合时宜，作为"新学问"，必须确立起直面力量现状的现实主义国际政治学。

第一次世界大战后，国际法、国际道义受到重视，以国际联盟等国际组织来维持和平的见解逐渐占据上风。卡尔将之视为乌托邦式的想法，着手发展奠定20世纪后半叶国际政治学基础的理念。他依据自第一次世界大战至第二次世界大战的"危机的20年"经验，促进了冷战时期国际政治学的发展。

冷战结束后的20年，可否再次称为"危机的20年"？分析"新·危机的20年"时，会诞生什么样的国际政治学呢？卡尔谈到，必须看清力量的现状。"新·危机的20年"所显示的力量现状到底是什么呢？回顾冷战终结后的20年，什么样的世界体系开始诞生了呢？现在有必要进行冷静的思考。

卡尔在《危机的20年——1919~1939》中将20世纪20~30年代的变化归纳如下：

> 危机时刻是历史上司空见惯的事情。1919年至1939年20年危机时期的典型特征是，人们从前十年满怀虚幻的希望陡然跌落到后十年充满悲凉的失望，从无视现实的乌托邦理想状态陷入断然剔除任何理想成分的

现实。正如我们所知道的那样，20世纪20年代的虚幻理想是一种迟到的反思，映射出一去不复返的一个世纪。那是一个黄金时代：领土和市场无限扩张；充满自信却并非高压强制的英国霸权管理着世界；团结一致的"西方"文明通过不断扩大可以通过共同开发和利用新的疆域化解内部冲突；大家自然而然地坚信两个理念——一是一人之福祉必然也是大家的福祉，二是经济上正确的事情在道德上也必然正确。

与20世纪20年代"空中楼阁"相应的东西，是否也存在于"新·危机的20年"之中呢？世界局势在卡尔写了此书的1939年后进一步恶化，卡尔的处方也并非全部正确。可是，并不能说没有与危机时代所见的"空中楼阁"看似对应的现象。

第二节　"单极世界"？

苏联解体——从两极走向一极

回顾这20年，我们可以得出以下结论。

首先是"单极世界"观点的登场及其谢幕。冷战这一美苏两极对立的时代以苏联屈服、消亡的形式而终结。若两极之中的一方屈服而消失，世界变为一极则成为有力的观点。

美国专栏作家查尔斯·克劳萨默于1990年撰写了《单极时刻》一文（Charles Krauthammer,"The Unipolar Moment," *Foreign Affairs*, America and the World, 1990）。

他主张，冷战结束后，能与美国对抗的国家已不存在，世界上再无他国拥有美国级别的军事力量，因而美国可以并且应当用自身实力让世界信服自己。

最能体现这一主张的便是此后被称为新保守主义（neo-conservative）的人们。查尔斯·克劳萨默也是其中之一。

新保守主义支持者的共通点在于，将迄今为止美国普遍的自由主义作为理想。换言之，其理念是通过世界的民主主义化而达到世界和平。新保守主义与自由主义的不同之处在于，他们主张为了实现这一理想应该将美国的实力最大限度地发挥出来，并且认为，由于美国力压世界诸国，即使别国不跟随，只要美国有意，便可仅以一国之力使世界发生变革。

海湾战争与南斯拉夫内战

冷战终结后，美国的领导力实际上非常有效。比如，老布什总统（任期：1989～1993年）时期发动海湾战争时，利用联合国安理会决议等，获得世界各国的支持，从而使伊拉克从科威特撤军成为可能。

美国结束海湾战争后，也介入南斯拉夫内战。克林顿总统（任期：1993～2001年）时期，南斯拉夫问题、波黑问题、科索沃问题相继出现。北约军的空袭——虽可说是极为粗暴的手段——颠覆了米洛舍维奇的塞尔维亚政权。

到这一阶段为止，同盟国对于美国的领导表示出应有的支持。美国在发挥自身实力时表现出的单边主义（Unilateralism）并不明显，老布什时期、克林顿时期在很大程度上是协调性地使用美国之力的。

"9·11"恐怖袭击与阿富汗、伊拉克

由此可见，新保守主义的观点并未在冷战结束后即刻占据美国领导人的头脑。然而，2001年"9·11"恐怖袭击后，针对恐怖主义必须出手的意识急剧上升，新保守主义的主张便成了引领小布什政权（任期：2001～2009年）对外关系思想的方向。

"9·11"恐怖袭击过于令人震惊，因此之后美国出兵阿富汗得到了全世界的压倒性支持。但2003年攻打伊拉克使美国的同盟国一分为二。

新保守主义论者们似乎考虑的是并不仅以"因为萨达姆·侯赛因拥有大规模杀伤性武器""因为违反了联合国决议"为理由攻打伊拉克。而是借此机会以美国之力使伊拉克一举实现民主化，通过伊拉克的民主化引导整个中东地区向

民主化方向发展，由此让他们认为最不稳定的地区实现稳定。

当然，关于萨达姆·侯赛因是否持有大规模杀伤性武器的质疑强烈，从他不配合国际原子能机构（IAEA）的调查而言，武力打击本身是否可行存在国际法层面探讨的可能性；美国的同盟国是从自身的国家利益来判断、决定美国攻打伊拉克的态度的。

日本的小泉纯一郎政权，或许重视与美国在朝鲜问题等方面的合作，表态支持美国。在欧洲，波兰等刚从共产主义阵营脱离的中东欧诸国，多数重视对美协调外交，也支持美国攻打伊拉克。

可是，法国与德国表示怀疑，即真的是否有必要攻打伊拉克。对此，美国则摆出了"不追随也无所谓"的立场。

再言之，之后的伊拉克怎么样了？长期而言，情况并不明朗（从长远来看也不能否认伊拉克的民主化作为中东案例的可能性），但短期看来，从成本投入与人员牺牲角度来说，美国的介入不能说是成功的。结果，全世界对美国的评价下降，美国国内对小布什总统的支持率大幅度下降。

这一事实说明了什么？美国如此强大的军事实力极为重要，尽管这一点并没有错，但"单极时刻"这一想法里蕴藏着一种力量的"放肆"。即使军事实力存在压倒性优势，但仅仅凭借它，能成之事也是有限的。当初军事作战胜利后，美国对在伊拉克的统治明显准备不足。显然即使是美国，单靠一国也并非无所不能的。此为这一幕的教训所在。

"单极世界"观点的出场、退场，是"新·危机的20年"的第一幕。

第三节 自由放任的胜利？

资本主义经济的胜利——"小政府"与规制废除

"新·危机的20年"的第二幕是"市场原则主义"的登场与落幕。这与冷战的另一侧面息息相关。即冷战时期的美苏两极对立既有军事方面，也有政治、经济体制运营的意识形态对立方面。西方阵营的意识形态是政治、经济的自由主义，东方阵营的意识形态是马克思列宁主义。从经济层面而言，西方推行资本主义市场经济体系，东方奉行社会主义计划经济体系。冷战终结，换言之，也是资本主义市场经济对社会主义计划经济的胜利。

如同美苏两极对立后苏联的失败催生了美国的"单极世界"观点一样，社会主义计划经济的败退，不但彰显了自由主义经济的优越性，更催生了"市场原理主义"这一极端自由放任的想法。此观点的出场与退场便是第二幕。

说起来，西方的经济运营优于东方，其原因并不一定在于西方资本主义经济是"自由放任"的纯粹市场经济。冷战时期给予西方阵营胜利的是，各国政府在"市场失灵"与"政府失败"之间成功取得了平衡——前者使政府在公共投资与社会福利等方面收效明显；后者则让政府增扩了市场自由度的领域。

然而，20世纪70年代以来，对于"大政府"的批判颇为强烈，英国首相撒切尔夫人（任期：1979~1990年）、美国总统里根（任期：1981~1989年）等人，尽可能地废除限制，推进实施"小政府"策略。上述以"小政府"为目标的举措，因冷战的终结而得到正当化，推广至全世界。

亚洲的奇迹式成长与1997年危机

导入市场机制可以取得良效，这是事实。直至当时经济难以发展的亚洲诸国出现了奇迹式的经济成长，便是一例。

冷战终结前，中国邓小平推行的改革开放，促进了此后中国经济的发展。另外，在几乎没有规制的情况下，1985年广场协议后，日本的资金大量流入东南亚。这无疑给东南亚经济增加添了活力。

不过，随着规制渐次被废除，尤其是各国金融市场其他规制的缓解导致新型金融产品的问世，短期资金出入的限制被撤销，导致了具有象征性的大败局，这便是1997年亚洲金融危机。

这一危机是由在泰国、印度尼西亚、马来西亚、韩国出现短期资金大量流入却又一齐撤退的情况所引发的。

次贷危机——自由放任思想的归宿

即使1997年发生了亚洲金融危机，作为世界性的主基调，"规制越少越好"这一观念仍未受到太大的冲击。实际上，亚洲金融危机不局限于亚洲，此后四处蔓延，导致俄罗斯债务危机（1998年）等，乃至美国2000~2001年互联网泡沫的破灭。

尽管爆发了这些危机，自由放任思想并未消退。恐怕其中要因之一在于泡沫经济破灭后日本"失去的10年"。冷战结束前日本经济已强大到足以威胁美国，冷战后美国的课题便是如何对抗日本经济。日本经济并非美国式重视市场经济的模式，而是政府起巨大作用的模式。

这样的日本经济在冷战终结初始崩溃，此后完全失去了光彩。由此，如日本般以政府为核心的模式果然是不行的——这一观点大致成形了。

总之，即便在亚洲金融危机爆发之时，自由放任思想在美国依然强大，存在"美国已不会经济衰退""是新经济的时候了"之类的议论，主张"经济衰退是不可能发生的现象"。

然而，市场失灵也会有——这在漫长的经济史上是常识性的结论。次贷危机引发的2008年金融危机，让全世界再一次注意到这一常识。"市场也会常失灵"与"单极走不下去"相同，也是一种观念。这也是冷战终结取得胜利的陶醉感所带来的天从人愿的结果吧。此为这20年带给我们的教训。

第四节　全球化加速

互联网登场

冷战结束的1989年电子邮件已被使用，但万维网（WWW）还未进入实用阶段。互联网仅运用于将一方的信息传送至另一方。

20世纪90年代初，互联网上的文件持有人能够相互连接的系统——万维网的使用成为可能。几乎每个人足不出户便可以驱动地球另一侧的任何电脑，且可将这一行为所产生的结果占为己用。这发生于最近20年间，1989年以前并不存在。

也许这样的全球化发展有另一面——进一步加速了如前所述"单极时刻"的放肆、傲慢所带来的危险，或市场所带来的危险。对于美国的批判，即刻遍布全球。世界上所有金融市场一律同步波动。今天的日经平均股价会如何，看看此前的美国道琼斯平均股价便大致清楚了。

全球化恐怖主义网络

全球化带来诸多影响，其中给国际政治造成的负面影响尤其要数全球恐怖主义网络的登场。"9·11"事件发生的背景在于，恐怖分子利用互联网及其他手段，将从前无法实现的国际合作活动变为可能。

其实保守而言，世界贸易中心大厦的破坏本身是由技术含量很低的物理性行为造成的，只是迄今为止没有人想到罢了。不过，为了计划这样的行动，他们在哪里训练，进行了怎样的合作，这些很明显是通过国际化的网络进行的，这也是全球化发展所造成的必然结果之一。

当然，低技术层面的国际民间航空网络进步也被认为影响颇深。20世纪后半期，以发展中国家为中心的机场网络犹如网眼般分布，飞机可到达世界各地，但入境管理等体系不能说不存在疏漏。

总而言之，最近恐怖分子的人员供给、募集等，具有全球化发展的特征。

被相对化的国家

综上所述，冷战终结后的20年就是全球化的20年。其结果，如笔者1996年在《新"中世"》（日本经济新闻社出版，后被收录进日经商务人文库）中写道，国家本身不会消亡，其重要性也不会降低，不过国家力量相对化的各类要素（主体）相继登场却是这一时代的特征。

国家正面临这样的事态——存在于国家之"下"或原本处于国家之中的事物跨越国境活跃起来，即企业、非政府组织活跃于全世界；国家之"旁"则出现了否定国家的恐怖分子，且国家苦于制定对策；国家之"上"也有国际组织存在。虽然联合国并非万能的，但各个国家是无法忽略联合国而开展行动的。

小布什政权认为美国可以不看联合国的眼色而行动，后来才意识到自己付出了相当高的代价。因此，美国现今重视起联合国安理会来。

最终，国家不得不面对其"下"、其"旁"、其"上"的要素（主体）。这些要素之间的关系极为复杂。恐怖分子行动的背后隐藏着间接从某国获取资金的可能性。

恐怖分子与从事非法商业交易的群体之间有资金关系，通过阿富汗生产的麻药交易，恐怖分子可获得资金。这类联系复杂地交错在一起。

如何应对新威胁

结果，试观察现阶段（2009年），对于冷战终结这一构造变化，世界该如何应对，以什么样的原理进行，可以说还未能达成共识。

就目前所见而言，冷战终结后，认为美国单凭自身突出的军事实力就能让世界言听计从的"单边主义"是不可行的；同样，认为资本主义打败了社会主义，因而贯彻自由放任主义就是对的，这种想法也是不可行的。

一般而言，全球化的进展一方面伴随着市场经济发展所带来的繁荣，另一方面也滋生了很多问题，诸如如何处理全球化产生的各类要素①，尤其是如何应对恐怖分子。

力量的运用方法，市场的运营方法，应对威胁的方法……这些无法即刻回答的难题摆在我们面前，这就是我们现在所处的境地。

E. H. 卡尔写了《危机的 20 年——1919～1939》一书后，世界危机日益严重化，最后导致第二次世界大战。新秩序则诞生于第二次世界大战后。"新·危机的 20 年"后，危机或许还将继续。假设将 2008 年的金融危机比作 1929 年的金融危机，那么危机可能持续 10 年以上。且这一危机的前方，即危机后的世界将会如何，"新·危机的 20 年"所孕育而生的危机后时代，适用的国际政治学理论又是什么，本书将探讨以上问题。

---

① 此处原文为"アクター"（actor），意思是"男演员"，译者推断此处应为"ファクター"（factor），即"要素"。——译者注

第一章

金融危机中的国际政治学

——大崩溃能够避免吗?

第一节 对国际政治的影响
——保护主义的危险

1929年经济危机

2009年初,世界面临的最大课题是:不知何时结束、何时到最低谷的金融危机。这场金融危机的政治归宿在哪里,分析金融危机本身很重要,分析金融危机对实体经济的影响也非常重要,而从国际政治角度而言,思考这场金融危机如何影响国际政治、世界政治,更是当务之急。

其原因在于,从过去几个世纪的世界体系动向来看,金融危机后真正令人恐惧的是其引发的政治问题。当然,金融危机所引发的企业倒闭、经济持续萧条导致的失业人数增加等问题,也是重中之重,但其会不会转化为战争及其他政治问题,则是超越经济层面的、具有决定性的问题。

本章要考察的是,严重的金融危机是否存在导致政治问题的"可能性"。在此所探讨的"可能性",并非"必会如此"。而是以"由于存在这样的可能性,为了预防这类可能性"为契机而进行的思考。

探讨所谓的"可能性",虽可以只在头脑中思考,但像金融危机那样曾在世界上发生过多次的现象,参照过去的实际案例来进行考察,是更为适当的做法。

关于此次金融危机,美国联邦储备委员会主席艾伦·格林斯潘认为,此乃"百年一遇的危机"。那么百年之前的危机又是什么呢?

不言而喻,此前的危机便是指1929年以后的世界大萧条。将世界大萧条作为前例,实在令人无法安心。

彻底考察市场与社会之关系的经济学者卡尔·波兰尼有一本执笔于第二次世界大战、出版于20世纪50年代的代表作——《大转换——市场社会的形成与崩溃》①(吉泽英成、野口建彦、长尾史郎、杉村芳美译,东洋经济新报社),该

---

① 汉译本为:〔匈〕卡尔·波兰尼著《巨变——当代政治与经济的起源》,黄树民译,社会科学文献出版社,2013。该书引文见第367页。——译者注

书主要分析了 19 世纪至 20 世纪世界经济与政治的关系，其中涉及 20 世纪 20 年代。

简单地说，紧张的压力来自市场的压力领域之内，来自市场的扩张到政治领域，因而影响整个社会。但是只要世界经济持续运作，在一个国家之内的紧张关系就仍然是潜在的。只有当世界经济最后残存的制度——金本位制——瓦解时，各国之内的社会压力才会被解除。各国对这个新情况的反应不尽相同，本质上它们主张适应传统世界经济的消逝；当传统世界经济瓦解时，市场文明本身也就被淹没了（《大转换——市场社会的形成与崩溃》，第 294~295 页）。

国际贸易萎缩与关税上调

在市场文明"被淹没"的过程中发生了什么？1929 年华尔街金融崩溃后，纽约股价反复震荡，在 1932 年转而跌入谷底（见图 1-1）。这场金融危机给实体经济带来了萧条。依金德尔伯格之言，萧条在以下过程中进一步恶化。

通货紧缩在一方面从证券市场的衰落发展为生产减缩和存货倾销，在另一方面导致从股票价格到商品价格乃至进口额的下降，而两方面的变化都是急遽的。证券市场与商品生产之间的联系，一部分是心理方面的，另一部分则无疑是通过信用机构所建立的，因为银行和企业都在谋求资金的周转。1929 年底，金融市场上的紧张情况得到舒缓，来自这方

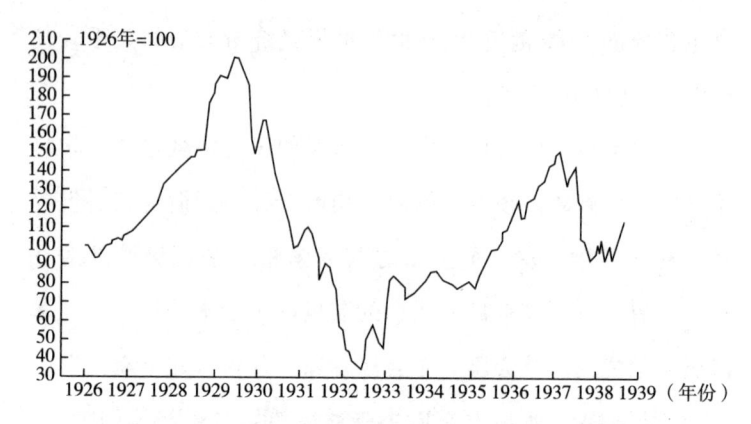

图 1-1 纽约股价（1926～1939 年，标准统计指数）

注：1934 年以前的数据来自 League of Nations. *Yearbook*，1935～1938 年数据来自标准统计数据（以 1926 年的标准转换为 1934～1936 年的标准）。

资料来源：キンドルパーガー著/石畸昭彦・木村一郎译 1934～36 年基準を1926年基準に転換「大不況下の世界 1929～1939」（東京大学出版会）90页。另见汉译本第 113 页。

面的压力随之消失，但为时已晚。发达国家削减从发展中国家进口的商品导致发展中国家减少向发达国家进口的商品，这种正反馈机制正在并将继续发挥其强有力的作用。证券市场的高涨使流向发展中国家的资本缩减，证券市场下跌引起的清理债务危机导致这些国家的出口迅猛下降，这些均反作用于美国。刚迎来 1930 年，美国的出口额已经急转而下（金德尔伯格：《大萧条下的世界——1929～1939》[①]，石崎

---

① 汉译本为：〔美〕金德尔伯格著《1929～1939 世界经济萧条》，宋承先、洪文达译，上海译文出版社，1986。引文译文见第 137～138 页。——译者注

昭彦、木村一朗译,东京大学出版会,第 103~104 页)。

这一过程的结果如图 1-2 所示,世界贸易呈螺旋状减少趋势。各国国内生产总值的数据迥异,根据安格斯·麦迪森的推算,1928 年至 1935 年的高峰至低谷时期,美国国内生产总值下降了 28.5%,德国下跌了 24.5%,法国下降了 14.7%,日本下跌了 7.3% [麦迪森:《世界经济成长史(1820~1992 年)》,金森久雄监译,政治经济研究所译,东洋经济新报社,第 87 页]。

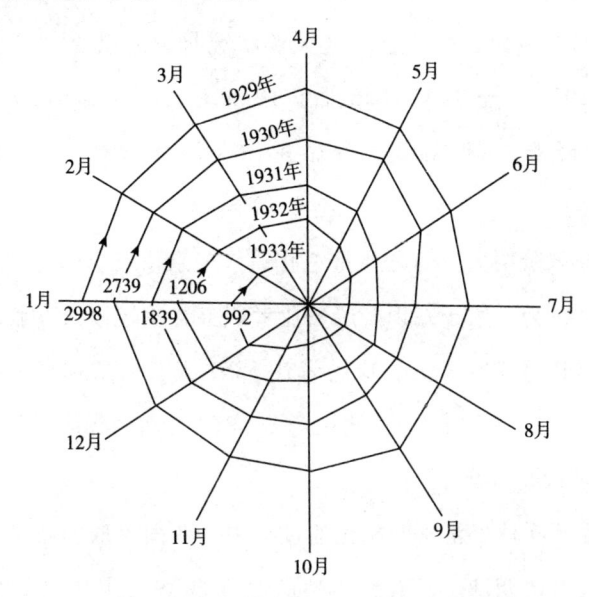

图 1-2　1929 年 1 月至 1933 年 3 月世界贸易的螺旋形紧缩
(75 国进口总额,月额、单位:百万旧美元)

资料来源:League of Nations. *Monthly Bulletin of Statistics*. February 1934, p. 51。キンドルパーガー著,石崎昭彦、木村一朗译「大不況下の世界 1929~1939」(東京大学出版会) 148 页。另见汉译本第 196 页。

20世纪20年代，美国汽车生产规模扩张惊人，1929年的生产数量增长到536万辆，1933年却下降至193万辆。1933年美国失业率达到24.9%，英国为21.3%，德国为26.3%（宫崎犀一等编《近代国际经济要览》，东京大学出版会，第111~112页）。

在日本，世界经济萧条的影响颇大，特别是农民所得自1929年至1931年跌落了一半多。在青森县，"因家庭贫困卖儿卖女之人，1931年达到2420人"。仅以特定工业地区为调查对象，内务省的《失业状况推算》提到，失业人数自1929年至1932年增加了19.5万人，达到48.9万人（中村隆英：《昭和史》Ⅰ，东洋经济新报社，第117~120页）。

知识阶层失业问题严重恶化。"东京市社会局于昭和5年5月，为了给予知识阶层失业者职务，决定以官厅临时助手之名招募700多人，应聘者达5857人，以致选择困难。"（中村隆英：《昭和经济危机与经济政策》，讲谈社学术文库，第124~125页）

在此实体经济不断恶化的过程中，各国采取的政策并不一定具有协调性。具有代表性的政策是1930年的斯姆特霍利关税法。当时美国的关税率已被认为相当高了，但这部法律规定再将其上调约20%。1930年6月，该法律生效，各国随之一起报复性上调关税。20多国深陷"以邻为壑"政策①的恶性循环之中（《大英百科全书》）。

一旦自由贸易受到制约，各国开始尽可能地打造经济共同体，考虑其自身的生存利益。应称为开端之举的便是，1932年7月21日在加拿大渥太华召开的帝国经济会议确立了英联邦特惠关税制度。这一制度排除了英联邦以外的国家，因而日本损失惨重。

日本不仅对中国，还对东南亚地区的英联邦相关地域开展出口贸易，却因这一法案被排斥在外了。

谋求"生存圈"的日本、德国

由此，在贸易收缩过程中，在德国与日本分别产生了纳粹抬头、军国主义崛起的重要政治变动。

在1928年5月国会选举中仅获得12个议席的纳粹党，在1930年9月国会选举中一跃夺取107个议席，在1932年7月的选举中获取230个议席，顺利取得第一大党的地位。并且最终于1933年1月由希特勒掌握了政权。经济危机并非希特勒取得政权的唯一要因，但无疑是最重要的因素。

日本早在世界经济危机之前便出现了1928年暗杀张作霖的皇姑屯事件等军部暴乱现象，但对于这一事件未进行适

---

① 又称"损邻政策"（Beggar－thy－neighbour）。——译者注

当处理。世界大萧条发生后,军部愈来愈谋求加强对政治的直接干预。在拟定的一系列政变计划中,一部分是针对政治家的暗杀行动。由关东军独断专行导致的满洲事变(即九一八事变——译者注),爆发于1931年9月18日。

当然,世界局势此后并未立刻走向第二次世界大战,只不过在经济形势恶化的另一面诞生了贸易保护主义,日本、德国开始各自寻求独立的经济生存空间。所谓谋求"生存圈",便成了希特勒的主张。

日本也将之与最终在东亚建立日本经济共同体("大东亚共荣圈")联系在一起。若是如此,日本必须将中国纳入日本的经济共同体内,即使世界呼吁着"从中国撤退",日本也越发无法摆脱,从而深陷中国问题的泥沼。当然,日中战争的原因不全在经济层面,还有其背后的深刻原因。

在世界经济不断萎缩的过程中,各国不得不开始谋求自身的生存。这时,日本与德国将世界分为"持久国"与"非持久国"两类。美、英等"持久国"已从殖民地受益,因而能够凭借手中的殖民地生存下去,然而日、德、意等国由于未赶上19世纪帝国主义瓜分殖民地的浪潮,无法打造自己的共同体,它们觉得极为不公。所谓现今的共同体经济秩序,即新势力不得不打破由旧势力建立起来的世界统治秩序。这样的想法便自然而然地产生了。

日本在从日中战争到对美宣战的过程中，尽管存在转圜的余地，但美英式的国际秩序里已然无法生存这一倾向占居了上风。

20世纪30年代的教训——导致大崩溃的是"非持久国"

当然，现今的金融危机，与20世纪30年代的大崩溃不存在必然的联系。2008年秋至今（2009年初），美国与世界各国的反应，比起1929年更为迅速，就某种意义而言，也有重现20世纪30年代教训的一面。可是，令人不得不忧虑的是，世界大萧条时也一样，事态恶化并非即刻出现在金融危机之后。

特别要注意的是，金融危机可能通过各种不同的路径对政治层面产生影响。虽然一般说来，金融危机会引起实体经济的萧条，从而影响到政治层面；但这一过程没有单一模式可循，即发生金融危机的国家并不一定要到了实体经济最差的时候才会引发政治问题。

令人感到讽刺的是，诱发20世纪30年代大萧条的美国，经历了大崩溃以后，一跃成为世界最大的霸权国。然而反观德国、日本两国，并非点燃大萧条导火索的元凶，却引发了政治层面的危机，吞下了大崩溃带来的苦果。

第二节 "非持久国"的相位
——以近代世界体系为视角出发

何谓近代世界体系

假设现在的金融危机一如20世纪30年代般恶化,历史将会重蹈覆辙,德国、日本会再度产生政治性问题吗?笔者认为不会。因为20世纪30年代的德国、日本与21世纪初期的德国、日本在世界体系中处于不同的构造性地位。

特别值得注意的是,当今世界体系中,是哪些国家占据了如在20世纪30年代的世界体系中德、日两国那样的构造性地位,并蕴含了怎样的风险。探讨这一问题之前,首先要回顾近代世界体系是如何运作的(详细内容参照田中明彦《世界体系》,东京大学出版会)。

所谓近代世界体系,诞生于16世纪前后的欧洲西北部,是基于领土国家这一组织的革新及资本主义经济的诞生而出现的体系。中世纪,欧洲形成了错综复杂的权力、权威所组成的体系。表面上,宗教权威来自罗马教会,世俗权威来自神圣罗马帝国,而实际情况更为复杂,即地方割据的封建领主与封建骑士、修道院、商业都市等各自掌握相应的权力、权威。

从 16 世纪前后起,由界线划分的领域内的政治权力、权威合而为一,诞生了中央集权式的权力。

此前,英国国王、法国国王并未统治着当今英、法的疆域,而是到处拥有不接壤的领土。14~15 世纪的英法百年战争几乎在现今的法国版图内进行。譬如,以葡萄酒闻名的波尔多等地在当时属于英王领地,英王拥有现今法国的许多地方。

这种"零散的领地拼图"状态,经过 16~17 世纪的多次内战,渐次确立起"这一范围属于这位王"的领地、权力关系。

最具象征性的权威、权力确立行为,则是确认这一领域遵从哪种宗教。因此,英王亨利八世借"离婚"之由创立英国国家教会,正是在自身领地里确立权威的行为。

以上的象征性行为在 1648 年的《威斯特伐利亚和约》中得到法理上的确认。依照《威斯特伐利亚和约》,从此本地宗教由国王来决定,由此产生了"主权"在国王之下的观念。领土内存在一位主权者,这位主权者位于领土内权力的顶端,不可能屈居于他国之下。这种观念的产生意味着主权国家体制的成立。

近代史:国际资本主义与主权国家的普及过程

与 16~17 世纪成立的主权国家体制同时诞生的是国际

资本主义。资本主义与主权国家体制在全世界成对推广的过程，便称为近代史。所谓主权国家体制，即内部存在很多以领土为单位统一起来的国家的体系。"存在很多"这一点对资本主义来说是非常有利的。

若整个世界是一个大主权国家，资本主义里的自由成分可能会随之消失。从历史上看，国王由于在自己的国度里可以为所欲为，容易征收较高的税金。这时，若存在很多国家，那么商人会厌恶这个国家转而奔向邻国。若这个国家的利息相当低，金钱则会流向利息高的地方。伊曼纽尔·沃勒斯坦等人主张，这才是驱动资本主义运作的机制所在（沃勒斯坦：《入门·世界体系分析》，山下范久译，藤原书店）。

资本主义经济与主权国家体制成对而生，在推广的过程中，出现了普及程度的差异，这便导致某种阶层构造的形成。

沃勒斯坦的"中心与周边"

从沃勒斯坦等人的观点来看，这一世界体系中存在"中心"部分与"周边"部分。经济最为发达、军事上远距离投入能力最优秀的地区是"中心"，其余地方则被"周边"化。

"周边"化出现程度上的差异，在面对"中心"的扩张时，有些地区得以作为"主权国家"生存下来，并参与经济、军事竞争，这些地区即沃勒斯坦等人所言的"准周边"诸国。与之相对，自身无法作为主权国家生存下来的地区，大多数以殖民地或半主权国家的形式成为"周边"。

这一"中心-周边"构造中，占据"中心"地位的欧洲列强在世界范围内扩张，所及之处作为殖民地被纳入世界体系并成为其周边。这便是17~19世纪的发展，大约到了19世纪末，地球上的全部区域被这一近代世界体系包括在内。形式上，它们或成为某国的殖民地，或其自身成为主权国家。

这种作为"以领土为基础的主权国家"至20世纪终于几乎遍布整个地球。

被统治方的反叛——市民革命、民族自决

主权国家由绝对君主在一块领地内进行统治，而针对其发动叛乱的则是被统治的一方。这通常被称为"市民革命"。

市民革命最初发生于荷兰、英国、法国。荷兰在17世纪初从哈布斯堡的西班牙实现独立，阿姆斯特丹等地的市民联合建立共和国，掌握了世界经济的霸权。英国发展出主权掌握者基于被统治者的同意实行统治的理念；在美国与法国，则诞生了被统治者实行统治这一更为根本的民主主义。

"被统治者实行统治"这一观点，与主权不在国王而在人民的理念相连接。然而，"被统治者实行统治"并非易事。

所谓被统治者，是指庞大的大多数人群，这一大多数人群的想法无法保证完全一致。不过，如果大多数人群的想法不在某种程度上归纳起来，统治只有陷入混乱。

在此，历史上诞生的观点之一是"民族"统治，另一个则是以"代议制"的民主主义展开统治。

民族（nation）这一概念是可以进行多种多样的定义的复杂概念，但以笔者之见，暂且可被定义为将其自身视为"作为整体的我们"的人类集合。如何做才能使某一集体的人们拥有"作为整体的我们"意识，倒是方法各异。不过，具有这类意识的集体存在于特定地区，若这个地区作为主权国家组织起来，那么便可称为民族国家了。

另外，即使不是这样的"民族统治"，只要通过"代议制"的民主主义这一制度进行决议，居住于某一地区的人们能够达成共识，也可算作"被统治者实行统治"的模式。可谓制度性民主主义。

按照以上思考来看，民族国家与民主主义制度是能够共存的理想统治方式。

"中心" = 自由贸易，"准周边" = 追赶与保护主义，"周边" = 掉队

重复一下，主权国家这一形式的组织原理向外输出并普及至全世界，而在这个世界体系的扩大过程中，实质上产生

了所谓"中心-周边"的差异。"中心"与"周边"的区别，基本以资本主义经济的发达程度的差异表现出来。

最初的"中心"的典型例子是荷兰，它是工业生产中心、国际金融中心，但18世纪该中心转移至英国。英国逐渐成为金融中心。

而且18世纪末英国发生了极为革新之举——工业革命。利用了工业革命技术的地方与并未利用的地方之间的差距毫无疑问地拉大，生产率出现了几十倍乃至几百倍之差。生产率高的"中心"由于自由贸易获利颇丰而主张自由贸易主义。

设法挤入主权国家范围、试图追赶的"准周边"，在追赶过程中显现了保护本国工业的动向，从而转为保守主义，或用不太好的词来说便是重商主义。美国与德国则为19世纪"准周边"的代表。

"中心"是发起工业革命并率先发展起来的国家，试图追赶的是"准周边"诸国，第三是连追赶都无法实现的"周边"，是为掉队方。

世界体系内表示中心、准周边、周边所处位置的基轴有两条。一条是经济轴，另一条为政治轴。

越推行工业化、技术革新的国家越位于经济轴的上方。而且，为了促进工业化、技术革新，市场机制必须适当运行。另外，政治轴多表现在强化主权国家的功能上。所谓主权国家功能的高水平化，也可称为统治效率化，是随着时代变迁而变化的。

民族国家化是强化功能的一种方法。如果被统治的人们持有"作为整体的我们"的意识，统治效率会有所提高。另外，被统治的人们具有"由我们进行统治"的意识，统治效率会进一步提升。也许民主主义制度的固定化强化了后一种意识。

"中心"的兴亡

世界体系的"中心"，是指经济轴与政治轴两者实现高水平功能的地区；"周边"是指两大基轴中任一方面都未能实现高水平功能的地区。经济发展与政治发展之间虽有关系，但未必是单纯的因果关系。

17~18世纪"中心"的荷兰、英国、法国，虽未发生工业革命，但面向市场的生产活动蓬勃发展，政治上荷兰由先进的市民精英阶层共同实行统治。

经历了17世纪内战的英国，随后基于君主与精英阶层双方达成的一致而发展为议会制度。18世纪末，伴随经济方面工业革命这一革新的发生，政治方面则表现为民族国家与代议制民主主义的登场。蒸汽机发明后，工业革命使英国发展迅猛。

法国大革命通过当初过激的民主制实验，孕育了法国人的"国民国家"。美国独立战争则基本是导入代议制民主主义的革命。

19世纪是以上三大革新普及世界的时代，由此，近代世界体系扩展至整个地球。

19世纪的世界体系，不论是经济轴还是政治轴，相对来说英国的水平最高。工业革命使英国接二连三地提高了生产率。作为民族国家，尽管内部有苏格兰、威尔士的不同，还存在爱尔兰问题，但英国相对而言较为统一。代议制的导入也循序渐进、稳步前行。

19世纪，美国与德国作为"准周边"国家，表现出急速向"中心"靠拢的动向。

原本美国作为以代议制进行决议的民主主义实验国家而成立的意义较大。尽管19世纪60年代的"南北战争"统合危机导致北方统治南方的情况出现，却逐渐成功塑造了美国国民的整体性。在美国，同意维持基于普遍人权意识的民主主义制度这一点，被纳入美国国民整体性的基础。这是为了避免多元种族群体的存在阻碍作为国民的整体性生成的理想性构造。

1870年建立的德意志帝国，在经济轴、政治轴两方面都困难重重。德意志帝国内部，因多数人使用德语而存在共性，但是1789年这一地区仍是存在众多政治王体的分权地区，其中超过100个王体主张自身拥有主权（Golo Mann, *The History of Germany since 1789*, p. 21）。

在如此强势的分权制帝国中，俾斯麦试图建构"民族"。普法战争的对法胜利，使德意志意识高涨。有限度地导入议会制也是推动民族形成的一种努力。

后来，到了 20 世纪，"中心"转移至美国。冷战最盛之时，包括战败国德国与日本在内，经济的快速发展与民主主义政治体制的稳定进展顺利。

此外，第二次世界大战以后，世界各地的殖民地实现独立。这是由于"被统治者实行统治"这一原则在世界普及的同时使得殖民地失去了存在的正统性。结果，1960 年前后地球上几乎所有的殖民地都消失了，其中大部分成了主权国家。

"周边"的分化

然而，国际法上的主权国家，既不等同于经济轴上的发展，也不等同于政治轴上的发展。工业革命以来，工业化的技术在教育及其他社会制度不完善的地区很难推广开来。

另外，为了"中心"的生产活动，几乎被强制性定为第一次产品生产的地区，其迄今为止的构造并不会轻易得到改变。即便政治上得到独立，经济受到支配的"新殖民地主义"却依然存在。

从政治轴而言，形式上的独立并未带来实质性的发展。由于殖民地区域受到宗主国状况的牵制，新独立各国的种族群体构造极为复杂，难以形成单一民族。另外，即使导入民主制度，运用受阻的情况也颇多。

当然，新独立各国之中，作为"准周边"国家，涌现了积极追赶的国家。总之，曾经是"周边"的地区，在20世纪后半叶分化成了"周边"与"准周边"。可是，冷战的终结，给"周边"情势带来了深刻变化。经济发展存在问题、统治功能几乎失灵的"破产国"接连登场。

冷战最盛时期，美、苏两大阵营在发展中地区不停展开援助竞争，支配自身毫无经济运营能力及统治能力的国家。冷战结束、竞争终止，毫无经济运营能力及统治能力的国家跌入破产境地。

摆脱殖民地身份、成为主权国家的各国中，有些国家名存实亡，实际上连本国国内秩序都无法维持。这些地区徒有虚名的中央政府，为了避免内战，甚至不得不与部族、军阀、国际组织和NGO等相互竞争、谋求协调。

另外，20世纪，"中心"地区在扩大的同时实现了质的飞跃。随着经济迅速发展，各国民主主义体制得到强化。国内治安稳定，基本人权得到保障，还有最低生活保障。此外，西欧、北美、日本、大洋洲等民主主义国家与地区之间，基本没有发生战争的可能性。换言之，安全、繁荣、保护人权等主权国家的统治功能维持在较高水平上。

然而，随着主权国家功能的充分普及，主权国家的作用也相对有所弱化。社会的各类功能中，用不着由国家来实现的事务，交给其他主体去做就行。市场能做的应该交给市场。让企业尽量自由活动。民间组织能够承担的"公共功能"，交给民间组织就行。类似这样的观念普及起来，而且各实体也具备了相应的条件。

交通、通信手段的进步，让人们的活动不再受制于国境，现实中这些地区的人、物、资金、信息的交流变得更为高效。

最终，西欧、北美、日本、大洋洲等地的人们不再仅仅以主权国家和国民为标准来确定自己的身份认同。主权国家内部的主体越过国境开展活动，主权国家之上诞生了像欧盟（EU）这样的地区性组织。

在现在的金融危机中，几家证券公司、基金具有使国家深陷险境的影响力。冰岛作为国家事实上已经破产，便是一例。

笔者将这样的倾向在过去写的著作[①]中称为新"中世"。如果将近代经济轴与政治轴糅合在一起称为"近代化"，那么近代化高效进展的状况，使近代的主权国家体制发生变质，生成了与过去复杂的中世世界类似的情况。

归根结底，近代世界体系，基本以"中心－准周边－周

---

① 即《新"中世"》，日本经济新闻社，1996。——译者注

边"三大层次构造为基础渐次变化。每一地区与国家各据的层次是由历史决定的。笔者在该书中论述到，21世纪的世界体系由以下三大圈层组成（见图1-3），这三者即是世界体系"中心-准周边-周边"的21世纪特征所在。

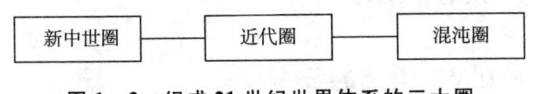

```
新中世圈 —— 近代圈 —— 混沌圈
```

图1-3　组成21世纪世界体系的三大圈

20世纪30年代的德国——魏玛：政治成熟与经济危机

尽管以上内容有些赘余，但在回顾近代世界体系的发展阶段的基础上，我们可以重新审视20世纪30年代。直截了当地说，德国、日本皆是存在于这一时代"准周边"与"中心"之间的国家。

首先，德国是德、意、日三国中最接近"中心"的国家。19世纪，德国工业生产达到与美国并肩的先进水平。可是，德国却挑起第一次世界大战，并败下阵来。第一次世界大战后的处理由《凡尔赛条约》决定，这对德国而言是个相当残酷的媾和。赔偿金额巨大，通货膨胀爆发。由于无法偿付赔偿金，作为补偿莱茵兰[①]被战胜国占领。

[①]　旧地名，又称"莱茵左岸"，今德国莱茵河中游地区。——译者注

结果，20 世纪 20 年代的德国虽最为接近"中心"，却成了个困难重重的国家。

从政治体制方面来说，德国努力建设模范式的民主主义国家，1919 年制定了《魏玛宪法》，但经济状况不佳，从而国内积累了大量的矛盾。

20 世纪 30 年代的日本

日本怎么样？不用说，以佩里舰队的到来为契机，日本被卷入了近代世界体系。不少日本人认为，这是不得已而为之的。随后，日本引入当时的国家组织原理——主权国家体制。

如福泽谕吉所感叹的那样，当时大多数日本人几乎没有"国民"意识。以东京方言为基准创造普通话、普及义务教育，明治时期的日本努力建构"作为整体的我们"的意识。并且由于站在第一次世界大战胜利的一方，一战后的很长时间内，日本因"大战繁荣"，经济实现了快速发展。

再看政治体制，《大日本帝国宪法》颁布后的第二年，即 1890 年，日本举行了第一次众议院议员选举，组织了议会。1918 年原敬内阁成立，结束了持续至此的藩阀政治。1925 年通过普通选举法案，这一时间前后成立的立宪政友会与宪政会之间实现政权交替，这算是某种民主主义了。

迎来 20 世纪 30 年代，日本实现了追赶型的经济发展，离民主主义制度的稳定仅一步之遥。

1929年金融危机爆发时,那些本来宣扬"自由主义"的"中心"诸国,转而实行"我们守护自己"的自保方针,这样,它们不会成为蒙受恶劣影响的国家而是成为那些竭尽全力追赶的国家,或是因败于之前的战争中而破产的、那些企图追赶的国家,这些国家的矛盾集中爆发,以致问题无法只停留于经济层面了。

第三节　2008年危机后的矛盾呈现在何处?

俄罗斯——屈辱的"冷战后20年"

回到现代,让我们探讨一下,2008年金融危机后的矛盾带来的危险呈现在何处?当今的世界上,相当于德国与日本的国家在哪儿呢?

以《新"中世"》一书中的模式图来看,现在属于"新中世圈"的各国很难成为那样的国家。即便在20世纪30年代,英国、美国由于大萧条受创颇为严重,在贸易方面走向了保护主义,但在政治体制方面,民主主义仍然发挥着相应的功能,政府也基本能够应对出现的失业状况。

在现在的"近代圈"国家里,尽力追赶型的国家一旦发生异动对世界的影响将非常大,这类国家有哪些呢?作为候补选项，俄罗斯、中国、印度、伊朗等国较为符合。

　　首先看俄罗斯。从俄罗斯人的精神方面来考虑，冷战结束后的20年，是否可以说是屈辱的20年呢？即使第一次世界大战后的20世纪20年代，俄罗斯并未如德国一般被征收巨额赔偿金，但冷战终结后，叶利钦总统时期的俄罗斯马上面临着严重的通货膨胀，纸币如同草纸。其间，俄罗斯不得不在经济、政治方面对美国和欧洲言听计从。

　　尽管如此，世界对俄罗斯人的敬意并未加强。不过，由于这些年原油价格的上涨，俄罗斯经济大为活跃。2008年莫斯科市内酒店，平均每晚的价格达300美元以上，在世界住宿价格榜单上位列第一，俄罗斯富豪入住迪拜高档酒店、购买昂贵的皮草，这类现象屡见不鲜。

　　对于绝大多数俄罗斯人来说，总算摆脱了冷战后的屈辱而重整旗鼓，再一次以"大国"身份发挥作用的机会来临了。普京（任期：2000年至2008年5月，后任总理）比起叶利钦，能力不知强过多少，所以人们相信他在这方面能够做到。

　　俄罗斯在2008年8月入侵格鲁吉亚，表现出无法一直对美国百依百顺。这便是围绕格鲁吉亚领土南奥塞梯自治州的俄罗斯与格鲁吉亚的军事冲突。俄罗斯当时即便使用武力，也要彰显干预邻国的"大国"行动模式。

　　而且，停战协议达成后，俄罗斯承认南奥塞梯与阿布哈兹自治共和国从格鲁吉亚独立，接受了欧美各国对其的孤立政策。另外，俄罗斯的舆论压倒性地支持入侵格鲁吉亚。

虽然没有必要将俄罗斯等同于苏联来看，但是对俄罗斯人而言，苏联失败与其自身认输差不多，他们此后度过了多年屈辱的日子。原油价格上涨，终于使俄罗斯再度回到"大国"地位，能够不被美国牵着鼻子走了。这不就是2008年夏天多数俄罗斯人的想法吗？随后，金融危机爆发，原油价格回到了起点。

当然，因原油价格上升而暴富的俄罗斯人仅是一小部分，普通民众几乎未能尝到甜头，因此原油价格下跌未能在民众层面产生负面影响，这类观点是成立的。此外，也有人认为，从长期来看，世界原油需求强劲，价格不可能一直下跌。

然而，2008年7月原油价格每桶创纪录跌到47美元，此后一路下行，2008年12月一下子落至30美元每桶。由于俄罗斯政府财政政策（2009年预算）是以每桶95美元为基准制定的，只得被迫进行大幅度修改。

不仅如此，依靠原油价格上升而暴富的人们虽投资了不同领域，但都有可能受2008年金融危机的影响而大受损失。原油出口骤减、入侵格鲁吉亚后，俄罗斯的外国资本出逃，导致其外汇储备也锐减。

俄罗斯国内好不容易从屈辱中振作起来，却又在此时受到了冲击，这会造成怎样的影响，是个相当深刻的问题。

普京独裁的可能性

俄罗斯在经济上已是资本主义，其政治体制也算民主主义，民主主义体制若能够处理好上述困难，也没有问题。但不确定因素还是存在的。

不确定因素之一是宪法修正案的影响。2008年11月国家杜马通过决议，12月梅德韦杰夫总统签署宪法修正案，根据这份法案，自下届总统起总统任期从四年延长至六年。修正案本身考虑的是政权长期稳定化的可行性，但宪法修正的结果导致大众疯传梅德韦杰夫辞职普京重返总统职位的可能性。不管怎样，普京总理的权力依旧强大。

以上这样的情况，作为民主主义算是健康的吗？这一不确定因素出现时，俄罗斯于2008年8月入侵格鲁吉亚，对乌克兰的天然气供给也采取了强硬态度。

政治体制越来越强化权威主义的倾向，为了模糊经济上的困境而利用受伤的民族主义，对外推行强硬政策。这样的可能性是存在的。

当然，俄罗斯人是比较现实主义的，因而通常被认为不会成为20世纪30年代的德国人与日本人。可是，必须铭记俄罗斯仍然拥有大量核武器。这样的俄罗斯从经济上出现困难到政治体制上出现强权倾向，是值得担忧的。

中国——中产阶级期望快速发展带来社会安定，共产党继续执政

关于中国，首先必须承认的是其表现之出色。20世纪70年代末，邓小平实施改革开放政策以来的30年间，中国的社会主义经济持续以每年约10%的速度增长。考虑到中国的经济规模与困难程度，不得不对这一成绩给予高度评价。

而且，不只是经济方面的表现，其中保持实现经济发展的社会稳定方面也获得认可。尽管中国国内各种问题不断，1989年政治风波那样的事件却始终没有再发生。这一期间维护社会稳定的共产党的能力果然高超。

如园田茂人在《不平等国家——中国》（中公新书）一书中所分析的那样，当今中国的经济发展所孕育出来的中产阶级，是基本期望共产党现行体制稳定发展的人们。这些中产阶级本身受惠于共产党的现行体制，希望共产党现行体制稳定持续下去。

总之，园田茂人分析，"中国经济成长持续的结果，便是中产阶级对现有体制产生厌恶而着手推翻"的可能性很小。笔者也颇为赞同这一观点。

经济危机如何影响中国

然而,以上是基于中国经济成长稳定发展而论的。问题在于2008年金融危机对中国经济造成了怎样的影响。2008年秋至2009年初,中国政府所采取的对策比起20世纪30年代的日本高明得多。大萧条最厉害的时期,日本政府实施回归金本位制(以采用金本位制时的比价重新开放黄金外流)与财政紧缩等政策。与此相比,金融危机爆发后,中国政府则在很早阶段便转而实行大规模的刺激政策,成效相当不错。

只是这些政策真正充分与否、是否会带来负面作用等,有必要今后长期进行观察。有报道称,短期内资金流出,中国的外汇储备开始减少(《日本经济新闻》2008年12月13日晨刊),人民币的运作方式一旦发生差池,后果将很严重。

另外,在实体经济方面,美国汽车产业等遭到重创,中国至美国的出口数量剧减。当国际贸易如20世纪30年代那般开始呈螺旋状萎缩时,中国经济将何去何从?

若仅仅是富裕阶层因没了金融资产而受损,不满的情绪可能并不会高涨。但是,贸易整体逐步缩小时,期待维持现状的中产阶级果真不会产生怀疑情绪吗?

加之,最近中国来自农村的流动人口大量流入城市。依园田茂人的分析,这些"农民工"也给城市带去不稳定的因素。不过，当经济的不景气让他们觉得"不需要了，回去吧"时，又会给农村造成何种程度的压力呢？

再者，近年来急速扩招的大学毕业生的失业问题严重。好不容易接受了高等教育，期待着成为中产阶级的年轻人们，在无法获得相应的职位时，会对社会产生怎样的影响呢？

南亚混乱的可能性

关于印度，实际上用不着担心。印度与俄罗斯、中国相同，属于追赶型国家，现处在快速发展期，市场机制等并不完善，且是拥有核武器的国家。

基于以上几点，印度在这次发端于金融危机的世界性萧条中受到了怎样的影响，不得不让人深思。

很难想象印度本身会如20世纪30年代日本与德国那般，存在对周边冒犯侵略的倾向。那是因为印度的政治体制十分模糊，而这种模糊性无法轻易产生破绽也是事实。

印度的民主主义体制存在了50多年，因其相互制衡的机制，难以产生独裁倾向。

由于相互制衡的机制过度生效，作为国家层面的政策决定无法展开的情况不少。从政党的数量，每一州复杂的势力分布等，可以明白在印度推行政策决定是相当困难的。

由于这种政策决定的困难程度，独裁倾向或印度军队做出冒进之举的情况是几乎不会发生的，这是目前为止的事实。尽管过去没有发生并不等于今后不会发生，但印度在政治层面发生危险的概率确实比较小。

话虽如此，世界性萧条及其他因素的影响不得不让人担心。由于最近显著的经济增长，中产阶级大幅度增加，其相应的期待也不断高涨。这些趋势被打断时会有怎样的影响，非常令人不安。

另外，印度教民族主义分子与伊斯兰教徒间的对立依然没有消除。且政治面的暗杀在这个国家很多见，比起有组织地重复采取行动，更有滋生动乱的可能性。换言之，就印度而言，比起扩张主义之类的行为，更应该警惕这一庞大的实体发生混乱而造成问题的可能性。

更为严重的是其邻国巴基斯坦。巴基斯坦，与其说是追赶型国家（近代圈），不如说存在跌落至"混沌圈"、破产国家的可能性。巴基斯坦的国家权力几乎无法到达部落地区，该地区是事实上的"混沌圈"。

巴基斯坦的状况进一步恶化，如2008年11月印度孟买的恐怖袭击事件、以巴基斯坦为基地的印度国内恐袭事件，今后若频繁发生，则南亚将呈现大混乱的状态。

伊朗——维持革命意识形态的困难，石油价格下跌的影响

伊朗自1979年霍梅尼的伊斯兰革命以来，在当今以美

国为中心的世界体系中表现为退后一步的姿态。然而,其作为中东、西亚地区大国的地位是毫无疑义的,因而有必要对其中经济不稳定时可能引起的状况进行探讨。

伊朗与俄罗斯的情况有些相似。原油价格上涨对伊朗而言有利,但一旦形势扭转、遭遇价格下跌,会对政权造成怎样的影响,有看清摸透的必要。马哈茂德·内贾德政权的下届政权(2009年总统选举),会更加稳健地对欧美采取友好政策,还是会采取宗教激进主义政策,这是个问题。

很难判断的是,自1979年伊斯兰革命以来已有30多年,革命过了30多年的国家要维持革命意识形态相当困难,因而有必要进行调整。

就在这时,世界经济状况恶化。在经济状态恶化过程中,作为革命国家的伊朗拥有怎样的意识形态,是影响中东稳定的不确定因素。

由于怀疑伊朗开发核武器、存在浓缩铀的问题,小布什政权下的美国采取了"不与伊朗交往"的态度。然而,不交往是极为危险的,笔者认为必须将伊朗纳入谈判的框架中。

如果不能与伊朗好好谈判,即如果不能与这个十分容易滑向危险的国家保持一直谈判的姿态,将无法阻止恶性循环。针对伊朗,如果建立不了一般的正常谈判框架,应该构建一个伊朗专用框架。

原本伊朗民众中存在一种强烈意识——伊朗是波斯文明的传承，比欧洲文明更为古老。尽管如此，事实上美国小布什总统等人将伊朗视作"邪恶轴心"，与伊拉克、朝鲜等同视之。

这一现实与意识之间的鸿沟，在经济危机严重化的过程中会向什么方向发展呢？革命过去30年后，伊朗是否存在诞生更加民主主义、稳健的亲欧美路线的可能性，或是否可能反其道而行之，孕育出进一步对立的政权来？

此外，展望中东各国时，也必须关注金融危机与原油价格低迷给社会带来的影响。沙特阿拉伯及其他比较稳定的产油国的政治形势应该受到重视。

还有最后的贷款人吗？

恐怕以上探讨的所有国家如20世纪30年代德国与日本那样，作为"非持久国"转化为打破现状势力的可能性比较小。然而，这些国家哪怕只有一个成为打破现状的势力，便会造成严重的国际问题。那么，该如何解决呢？

作为一般金融危机的处理方法或可说是20世纪30年代的教训，查尔斯·金德尔伯格的言论较有说服力。金德尔伯格说道：

本书对1929年大萧条所做的解释是，这次萧条波及如此之广、程度如此之深。持续时间这么长，是由于英国没有能力、美国又不愿意在三个方面承担责任以稳定国际经济体系，致使该体系处于不稳定的状况。这三个方面是：第一，为跌价出售的商品保持比较开放的市场；第二，提供反经济周期的长期贷款；第三，在危机时期实行贴现①。(《大萧条下的世界——1929~1939》，第264页)

在国内的金融危机中，如果中央银行能够作为"最后的贷款人"发挥作用，取得成效，就能化解当下危机。依金德尔伯格之言，具备国际的最后贷款人能力的并非英国，而是美国，只是它不愿承担。

现阶段，金融危机发端于美国，因此美联储作为最后的贷款人充分发挥作用，当下就能解决国际性问题，但仍然有些遗留问题难以让人放心。

就常识而言，美国自身经济基础并没有那么脆弱，所以美国若有意采取扩张性的财政金融政策，还是有办法应对金融危机的。然而，如果美国一味地发行货币，就会滋生对美元信任的问题，因此尽可能在国际性协调体制下开展行动的必要性便油然而生了。

---

① 汉译文参考金德尔伯格《1929~1939年世界经济萧条》，宋承先、洪文达译，上海译文出版社，1986，第348页。

预防贸易保护主义

设法对金融体制采取措施，是当今世界应对金融危机的策略，但仅仅这些是难以充分回答本章提出的问题——如何抑制金融危机对政治的影响。即使成功控制住眼前的金融危机，将对实体经济的影响最小化，也必须思考相应手段以抑制对政治面的影响。

最为必要的经济政策，想必是阻止贸易保护主义在世界蔓延吧。金德尔伯格也提道："各国转而分别维护各自的国家利益时，世界整体的利益将会丧失，随之相伴的是全部国家的个别利益会丧失。"

当然，比起20世纪30年代，现在的情况相对令人安心。20世纪30年代美国实施贸易保护政策，通过《斯穆特霍利法》将关税一律上调。由于这一教训，第二次世界大战后，关税及贸易总协定（GATT）成立，后成为现在的世界贸易组织（WTO）体制。

WTO框架下已有各类规则，各国已经无法轻易根据本国需要提高自身关税。就这一点来说，世界也不会重蹈20世纪30年代的覆辙了。作为主要国家的对应机制，还有G8峰会（美、英、法、德、意、日、加、俄八国首脑会谈），进而也有成员国扩大版的G20会谈（参照第三章）。G20是金融政策上最为核心的峰会，2008年召开第一次，2009年4

月召开第二次。

尽管如此，在汽车产业遭受重创、失业者流落街头的状况下，各国如何采取行动，还存在不明确的地方，危险性相当高。

事实上，依据 WTO 最近的紧急调查，业绩显著恶化的美国三大汽车制造商，全部得到了特别的政府融资。这种向本国特色产业提供扶助金的做法便是贸易保护主义。美国国会正在探讨"买下美国条款"。

进而言之，另外可能存在非单纯保护措施的各种贸易壁垒。非关税壁垒可以根据各国食品安全标准、环境保护税制、会计标准等解释的情况较多，处理起来很困难。

不过，各国在没有国际协调的情况下单独制定诸类保护措施，无疑是对贸易的疏远。在非关税壁垒方面追求"个别国家利益"，也是对全体利益的损害。

关注各国的社会变化

通过分析 20 世纪 30 年代的事例可知，真正可怕的是德国与日本国内的社会变化。经济危机导致的纳粹抬头或军部抬头这些社会变化，不仅在两国国内，而且对国际关系也产生了决定性影响。因而有必要深入观察本章所探讨的俄罗斯、中国、印度、伊朗等各国的社会变化。

当然，各国国内发生的社会变化并不可能被他国恣意改变。但是，有必要时常观察各国动向如何，为了防止不健全的政治和社会势力崛起，还得考虑合作采取行动。

20世纪30年代，国际社会对于纳粹抬头与日本军部抬头该如何采取措施进行防范，是个难解之问。不过要留意的一点是，20世纪30年代美国自身深陷经济问题，强化了孤立主义倾向且不插手国际事务。

第二章

"多极时代"的历史性探讨

——超长期趋势与循环

第一节 中国与印度"再度"成为大国

克服中短期危机后的世界

第一章尝试了与过去进行对比来考虑现代的情况,尽管如此,时代斗转星移,因而有必要讨论世界体系的长期趋势如何。这便是第二章的课题。

当然,如果第一章中所论述的针对危机的对策并不灵验,世界政治走向大崩溃,那么假设的前提也会发生变化。然而,假设现在世界能够防止危机向政治面转化,数年后再度回到稳定的轨道上,那么此后的世界,即危机后的世界将会是什么样的呢?

从长期趋势来看，尽管现在处于危险状况，世界中的势力均衡今后会变成与过去迥异的形式。譬如，2003年高盛创造了BRICS这一单词[①]，在报告中论述道，巴西、俄罗斯、印度、中国在21世纪中叶将会拥有非常强大的经济实力。而在BRICS中，尤以中国与印度受到较多关注。

美国的霸权终将结束，世界挺进多极时代。这到底意味着什么呢？

安格斯·麦迪森的GDP推算

关于今后的经济分布，存在各式各样的推算，但在这一领域，以推算经济的历史性统计的安格斯·麦迪森的研究最为有力。从麦迪森的推算来看，2030年世界GDP的美国占有率为17.3%，相应的，中国的占有率为23.8%，大大超过美国。印度也占到了10.4%，这比起2030年西欧诸国的推算值13.0%只少了一些（见图2-1）。

以上推算准确程度达到多少，无法一概而论，但麦迪森的推算相当保守。即便如此，中国的占有率依然高过美国，这说明世界体系整体的经济实力分布将会发生缓慢但巨大的变化。

[①] 即"金砖四国"（BRIC），2010年南非加入后改为"金砖五国"或"金砖国家"（BRICS）。——译者注

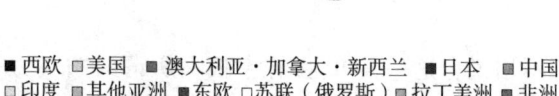

■ 西欧 □ 美国 □ 澳大利亚·加拿大·新西兰 ■ 日本 ■ 中国
□ 印度 □ 其他亚洲 ■ 东欧 □ 苏联（俄罗斯）□ 拉丁美洲 ■ 非洲

	1820	1950	1973	2003	2030
西欧	23.0	26.2	25.6	19.2	13.0
美国	1.8	27.3	22.1	20.7	17.3
澳大利亚、加拿大、新西兰	0.1	3.4	3.3	3.1	2.5
日本	3.0	3.0	7.8	6.6	3.6
发达地区总计	27.9	59.9	58.7	49.6	36.4
中国	32.9	4.6	4.6	15.1	23.8
印度	16.0	4.2	3.1	5.5	10.4
其他亚洲国家	7.4	6.8	8.7	13.2	15.4
东欧	3.6	3.5	3.4	1.9	1.3
苏联（俄罗斯）	5.4	9.6	9.4	3.8	3.4
拉丁美洲	2.1	7.8	8.7	7.7	6.3
非洲	4.5	3.8	3.4	3.2	3.0
发展中地区总计	72.1	40.1	41.3	50.4	63.6
亚洲在世界中所占比例	59.3	14.9	24.2	40.5	53.3

说明：单位为%。其他亚洲国家从1950年开始包括孟加拉国和巴基斯坦。

资料来源：Angus Maddison, "Shares of the Rich and the Rest in the Rest in the World Economy: Income Divergence Between Nations. 1820 - 2030." *Asian Economic Policy Review*, 2008 (3)。

图 2-1 安格斯·麦迪森的 GDP 推算（1820~2030 年）

不用说，这一GDP占有率根据所谓的购买力平价计算所得，在2003年，中国的占有率为15.1%，远远高于日本。不管人们如何评价依据购买力平价测得的数据，但这一方法确实是世界银行与OECD等在进行GDP国际比较时所使用的一般方法。不管怎样，今后将占据世界经济重要位置的中国与印度的存在感会变得非常强，是毋庸置疑的。

那么，作为超长期趋势来看，这意味着什么呢？为此，需要将其与过去的状态进行比较。

安格斯·麦迪森的基本业绩事实上在于对过去经济实力的推算，他对明确19世纪20年代以来世界经济实力的分布做出了贡献。虽是过去之事，称为"推算"的理由在于19世纪没有国民生产总值与国内生产总值的概念，事实上也就没有所谓的统计了。他组合运用当时存在的各种数据，做出了"推算"。

中国与印度的占有率回归到19世纪初的水平

19世纪20年代西欧整体的占有率达到23.0%，相对的，中国为32.9%，印度为16.0%。美国在19世纪20年代的占有率仅为1.8%，日本是3.0%。可见，当时中国与印度在世界经济中所占的比例非常大。

但到了1950年，世界各国与各地区的占有率分别为西欧26.2%，美国27.3%，日本3.0%，中国4.6%，印度

4.2%。换言之，仅以上文所提及的有限的几个国家和地区来看，19世纪后半叶至20世纪前半叶，中国与印度在世界经济比重中的占有率明显下降。然而，西欧的占有率则基本没有发生变化，这一期间美国的比重显著提升。

1973年，中国的占有率为4.6%，印度为3.1%，日本以7.8%超越中国。即概言之，19世纪后半叶至20世纪前半叶的世界经济分布的显著特征在于，中国与印度的占有率明显下降，进入20世纪后逐渐回到原来水平。

实际上，即便到了2030年，中国23.8%、印度10.4%的占有率仍旧不能彻底回到19世纪20年代的水平。美国的占有率与19世纪初完全不同，因而无法说19世纪初的情况等同于21世纪中叶，不过单从印度与中国的比重来看，可以说21世纪中叶的经济实力分布将渐次回归至与19世纪初期相当的状态。

非西欧世界纳入近代世界体系

如何解释这一过程呢？第一章叙述了世界体系的变化，此处再进行一下简单回顾。

所谓近代史，主要是指随着主权国家这一组织在世界上普及，同时资本主义经济也得到普及的过程，其中尤以18世纪后半期发生的工业革命对经济产生较大影响，此后伴随市民革命国民国家的概念诞生，从而推进政治全面民主化。

这一世界体系发展过程从地理方面来看，以领土为中心的主权国家、资本主义这些观念，首先诞生于欧洲西北部，随后扩展至全世界，大约在19世纪末期整个世界均被纳入这一体系了。

以上现象如图2-1所示，"19世纪初期，印度、中国的经济占有率极高，但到了20世纪中叶其比重逐渐减小，至21世纪又恢复原状"。从这一循环往复的现象，我们可以得出以下结论。

19世纪初，诞生于欧洲的近代世界体系，还未能将中国、印度充分纳入其中。

中国在19世纪20年代还是清朝时期，正处在乾隆帝统治结束后逐渐走向衰退的时期，基本采取禁止与外国交往的海禁政策，外国人进不了北京，只能进入广州。

在印度，虽然英国势力已非常强大，但印度仍然处于莫卧儿帝国的统治之下。印度正值被纳入近代世界体系的阶段，而中国在1820年这一时间点还未被纳入近代世界体系。在这一时期即被近代世界体系纳入之前，仅看经济实力，中国一国就比西欧为中心的近代世界体系在经济规模上大得多，是个巨大的帝国。

尽管因缺乏1820年之前的推算，我们无法知道当时的情况，但从18世纪中叶的情况来看，莫卧儿帝国的影响力曾强大到英国势力几乎无法渗透的地步。

让我们想象一下 17～18 世纪的地球，虽然以西欧为中心的近代世界体系已经诞生且逐步强大起来，但同时世界上还有奥斯曼帝国、莫卧儿帝国，以及清朝。可以说，这时地球上至少有四大世界体系并存。

这一状况持续至 20 世纪，中国与印度的经济占有率大幅下降，说明它们已经被近代世界体系包括在内了。这并不能看作其绝对经济实力的下降，而是出于某些原因通过与欧洲的接触，其所占比重反而变小了。若要思考其原因所在，就不得不提工业革命的巨大影响了。

工业革命以前人均生产率不变，GDP 与人口成正比

若将 GDP 看作人均经济实力的总和，工业革命发生前是什么要素决定了经济实力呢？若考察这一点，则可以对工业革命的影响有比较直观的解释。在使用化石燃料驱动各类机器的技术发明前，人们灵活利用当地的气候、风土，使用家畜、简单的工具从事农业生产。农业生产之外，人们凭借自己灵巧的双手制作工具。

于是，处于相似气候带的文明地区之间的人均生产率不可能有多大差异。这样一来，GDP 就是由人口决定了。

换言之，无论是中国还是欧洲、印度，文明社会人均生产率的差异并不大。农田的耕作方式，从中能够收获多少大米、小麦，即大米、小麦的生产率，虽有不同，但有

多少人便有多少收获量，这点本身差异不大。最多可能会有两倍之差，却不是巨大的差距。于是，拥有能够供养众多人口的土地，就意味着拥有与其人口规模相当的经济实力。

总而言之，1820年，即工业革命在世界各地发生之前的阶段，各文明地区经济实力的分布状况，可以说基本等同于人口分布状况。

再看前文麦迪森的统计，1820年中国人口占世界人口的35.5%，高于现在的比例，印度为19.6%。人均生产率可能还是欧洲高一些。中国在1820年所占的人口比重为35.5%，GDP占比则为32.9%。印度所占的人口比重为19.6%，GDP占比则为16%。

此后中国与印度的人口并没减少，反而增加了。尽管如此，19世纪末至20世纪初，其经济占比却下降了。1950年，中国GDP占比为4.6%，印度为4.2%。其原因在于工业革命诞生的革命性技术没有在两国得到运用。即，两国本身没有灵活运用新技术，或使这些技术普及的社会制度不够完善。

中国、印度的衰退与近代世界体系的扩大存在表里关系。由于工业革命，英国或荷兰等西欧列强的人均生产率已经达到传统文明国家的好几倍。生产率的提升伴随着工业生产而来，也导致了如近代武器等的出现。西欧的武器制造水平也大幅提高。

结果，西欧诸国走向世界，支配各地的能力与前人相比显著提高，造成了极大的差距，这便是19世纪的情况。

"后现代"（Post-modern）与"前近代"（Pre-modern）相同

想想就觉得不可思议，仅凭来到中国沿海的几艘军舰，像英国这样的国家就打败了中国，这说明了什么？若军事实力的差距不大，中国不可能会输。

发明蒸汽机，利用蒸汽设备炼制钢铁，建造军舰和蒸汽船，这一系列进程将两国的差距拉开了。这便是机器动力引发的工业革命使近代世界体系称霸的一大理由。

16~17世纪，欧洲诸国已来到了亚洲，但由于军事实力的巨大差距无法从港口深入内地。在经济实力方面也是如此，19世纪以前欧洲各国无论运什么商品到亚洲来，都没有太高的销量。

然而，19世纪以后，工业革命发生后，英国生产的商品因价格低廉，品质上乘，在亚洲销量极好。

这时，我们再来思考到21世纪的2030年，中国的GDP占世界总量的23.8%，印度占10.4%，究竟意味着什么。以18世纪末发生的工业革命为契机而生的新技术逐渐在全世界普及，灵活运用这些技术的个人能力上升，使这些技术普及的社会制度在一个半世纪之后才得到完善，进而覆盖全球。

提高个人生产率的技术向全世界普及，导致最后某地的GDP仍然由人口来决定。这样循环往复的过程便可谓近代史了吧。所谓近代，是指西欧突然获得魔法手杖而变强，而最终人人都会拥有这一魔法手杖。所以，当人手一根魔法手杖时，它就不是特别之物了。

在近代化的终点，势力分布会恢复原状。换句话说，"后现代"的结果是成了"前近代"。

发展程度低的地区会不会固定化？

21世纪初的现阶段，仍然无法确定的是，全球的发展程度是否毫无例外地一致。

20世纪中叶，所谓的"世界体系论""从属论"研究学派诞生，他们认为："中心"逐步发展。随着"中心"的发展，"周边"发展程度低的状态，会被强化，因此二者之间的差距渐渐拉大。工业革命引发的技术革命由"中心"独占，并渐渐发展，但这些技术若不传播或不被传播，则"周边"地区逐次陷入发展程度低的状态。如果这些观点正确，安格斯·麦迪森所推算的2030年的情况应该不会出现。

当然，地球上所有人类处于同一发展水平的理想并不可能在 21 世纪中叶实现。笔者也看不到被称为"混沌圈"的地区即刻消失的征兆。然而，从 20 世纪后半期的例子来看，至少世界上大部分地区引入了技术革新，并利用它发展经济、提升人均生活水平，也是越来越明显的事实。因而，发展程度低的地区必然固定化的情况是不会发生的。

最明显的例子是亚洲。20 世纪 70 年代以后，韩国、中国台湾和中国香港，以及新加坡等新兴工业经济体（NIEs）率先发展起来，随后东南亚诸国相继发展，现在中国又成为经济增长的引擎。若印度今后也如此发展起来，那么工业革命导致的不平等化便就此告一段落，可以说，200 年完成了一个周期。

当然，无论欧洲人、美国人还是中国人，人类的能力都是基本不变的。因而，最初发现新技术的人刚开始有利且会渐渐获利，但归根结底都是人类思考的结晶，具备同等能力的人看到了就能模仿。于是，如果"模仿的连续＝技术的传播"持续下去，最终会导致"世界是平的"[托马斯·弗里德曼：《世界是平的》（修订版），伏见威蕃译，日本经济新闻出版社]。

不过，19 世纪至 20 世纪的近代世界体系的悲剧在于，技术的传播和均等化并未迅速达成，结果花了整整两个世纪。

第二节　21世纪的"多极"是什么样的时代？

19世纪以前

那么，随着均等化不断发展，世界体系会变成什么样呢？首先能确定的是，即使2030年的经济实力分布变成与1820年类似的形式，2030年也不可能回到1820年。那是因为19世纪以前的世界如前所述难以说是"一个世界"。

试估各国的经济实力，中国拥有强大的经济实力，印度有，西欧也有。但是，它们之间的相互关联度极低。

有一则故事可以作为一例来说明。18世纪末的1793年，英国国王乔治三世向中国清政府的乾隆帝派遣了名为马戛尔尼的使节。马戛尔尼向乾隆传达了"置大使于北京，欲启贸易"的请求。后来，乾隆帝给英国国王送去了以下信件。以现在眼光来看，这是封相当失礼的信。

该信首先言道，"英吉利国王曰，咨尔国王。远在重洋。倾心向化。特遣使恭赍表章"，加之阐述，"天朝自有天朝礼法。与尔国各不相同。尔国所留之人即能习学。尔国自有风俗制度。亦断不能效法中国。即学会亦属无用"。还说，"万国来王。种种贵重之物。梯航毕集。无所不有……并无更需尔国制办物件"①。

中国皇帝将该信交给英国使节时正值英国工业革命发生初始。换言之，乾隆帝与乔治国王处于完全不同的世界。对于之后使中国蒙受了150年屈辱历史的敌国，乾隆帝一无所知，且认为中国才是世界的中心。

不过，这也无可厚非。如本章开篇所见，在随后的19世纪初，中国的经济占世界总量的32%，比整个欧洲的总和（23%）还多出不少。中国皇帝只关注自身周围的情况，对于远道而来的外国人采取那样的态度，也并不奇怪。

近代世界体系中的"多极时代"

以上事件发生于世界体系还未覆盖全球之时。2030年，假如中国的GDP成为世界第一，那时中国国家主席对待世界的态度不可能像乾隆帝那样。

换言之，2030年中国的统治者深知本国经济与美国经济、欧洲经济紧密相连。总之，必须明白的一点是，2030年中国与印度的经济实力上升，与19世纪以前中国与印度的经济实力强大的情况已完全不同。

那么，在世界形成一个体系之后，有无可以比较的时代

---

① 信件原文参照《大清高宗纯皇帝实录》一千四百三十五卷，乾隆五十八年八月己卯日。——译者注

呢？以这一标准来看，2030年前后的世界可能与近代世界体系的历史中曾有过的"多极时代"大致相同。

也就是说，19世纪以西欧为中心的近代世界体系并未纳入中国与印度，但其内部的英国、法国、普鲁士实力相当。可以假设这与2030年的世界体系情况相似。

上文已述，2030年各国的经济占比分别为：西欧13%，美国17.3%，中国23.8%，印度10.4%，日本的比重大幅下降至3.6%，前苏联国家为3.4%，比重并不大。由此可见，"21世纪的世界从美国的单极世界转向多极世界"这一观点是具有一定准确性的。无论哪一国、哪一地区，都没有压倒性的优势。

另外，此前的20世纪后半叶（1973年），西欧的经济占有率为25.6%，与美国（22.1%）相当。但这是西欧的总和，英、法、德等各国的占有率均是一位数。

总而言之，"20世纪后半期是美国的霸权时代"这一特征描述有其合理性，"21世纪是后霸权时代，世界变成多极"这一提法从事态的认识上来看并没有错。

多极时代不稳定吗？

至此为止本书探讨了世界经济实力的分布情况。那么，这个"多极世界"从本质上看是怎样的世界呢？在以前的国际政治学中，多极是相当不稳定的状态，或多极时代存在爆发大型战争的可能性。尤其是大陆，比如欧洲内部的多极时代颇为不稳定，这从 19~20 世纪的历史来看便一目了然了。

第一次世界大战前，世界正值"多极时代"。具备相似实力的国家最终分为两大阵营，在这两大阵营之间爆发的战争便是第一次世界大战。

接着，第一次世界大战终结后，至第二次世界大战时期，美国并未确立压倒性优势，英国的压倒性优势衰弱。第一章所述的金德尔伯格的观点正体现了这一事实。能力逐步提升的美国不愿意成为"最后的贷款人"，而前霸权国英国已丧失了能力。这就是第二次世界大战前的状态。

基于以上历史，"多极时代"无法令人安心。换言之，那是个不敢越雷池一步的世界。然而，即使这样来看，如同第一次世界大战前、两次世界大战间那样的历史并不多见，因此不应假设"21 世纪的多极时代一定是不稳定的"。且这一期间，世界体系中的其他要因的变化很明显。

前文已述，虽说 21 世纪的经济实力分布与 19 世纪初相似，但尚未形成统一的世界体系的时期与现在毫无可比性。即使过去也曾有过同一世界体系中的"多极时代"，同一世界体系的性质本身也因历经了 19 世纪、20 世纪、21 世纪而变化巨大。

鉴于此，19 世纪至 20 世纪的多极与 21 世纪的多极不可同日而语。至于有哪些不同，则需要进行分析。

国家与军事实力关系的变化

19世纪下半叶至20世纪上半叶的多极与21世纪的多极？为了思考这一问题，必须考察一下军事实力在国家功能相对化的过程中有何意义。也就是说，国家与军事实力之间的关系自19世纪至21世纪是如何变化的。

首先试分析军事实力的定义。如前述，工业革命等使得近代世界体系中心各国的军事实力得到显著提高。不过，虽然有所提高，但对立各方的军事实力相当，因此到19世纪末期为止，以战争形式解决国际纷争被视为理所当然的。

深入分析以后可以发现，这与工业革命以前社会对于武力的观念有关。在18世纪为止的战争中，虽然各国以军事实力进行决战，但战争中牺牲的是军人，社会整体并不会因此蒙受巨大损失。

在19世纪，还有人认为"运用军事力量乃理所当然的"，但到了20世纪前后，总算萌发了"军事力量非常危险"的意识。第一次缩减军备会议于1899年在海牙召开。

尽管如此，作为解决纷争的手段，想当然地使用军事力量这一观念并没有被彻底根除，第一次世界大战与第二次世界大战也是基于此而发生的，以致结局甚为悲惨。第二次世界大战最后使用了原子弹，使得人们广泛意识到以军事力量作为解决纷争的手段是不可行的。

原子弹在广岛与长崎爆炸后，再也没被用于实战。冷战期间，美苏双方相继制造了大量原子弹，但并未将其投入使用。核武器成了一种象征，当军事力量过于强大后，大国之间将其作为达成政治目的的手段，而20世纪后半期以后，其军事力量的意味逐渐消失了。

一般武器也比起从前厉害了许多，因此不能轻易使用。当然战争本身并不会消亡，即便如此，大国之间的战争自20世纪后半叶起呈下降趋势。大国之间完全把军事实力作为一种"抑制"手段，其国家功能的重点在于防止本国受到他国的攻击。

由此，第二次世界大战后的60年间，主要国家之间并未爆发战争。仅以亚洲为例，自1979年越南战争后，国与国之间并未发生战争。

总而言之，时代变迁，多极已不再意味着能够想当然的使用军事力量了。

经济方面相互依存关系的发展

除了军事方面以外，各国在经济方面的相互依存关系也更为紧密。中国与印度现在在经济方面所拥有的巨大比重，已经超出了前文所述历经200年的工业革命的影响，这是技术传播并与经济紧密结合的结果，也就是说，这些地方的经济逐步走向一体化，经济上的相互依存关系不断深化。

第一章已说到，若金融危机的对策能够不出现失误，今后世界经济会愈来愈走向紧密结合，经济上的相互依存关系将进一步加深。

最后，最近国际政治学出现了具有说服力的假说——"民主主义国家之间不会发生战争"，也称民主和平论。这是对德国哲学家康德《论永远和平》展开讨论，并应用于现代的理论。以这一理论而言，第二次世界大战后民主主义体制在包括欧洲各国、美国、日本在内的发达国家的普及和稳定为和平做出了贡献。

安全共同体（Security Community）的诞生

就这样，军事力量的定义改变了，经济上相互依存的关系加深了，民主主义体制普及了，这三大趋势催生了几乎不可能发生战争的区域，即安全共同体，可以说创造出了与19世纪以前的极为不同的世界。

当然仅凭以上三点，也无法断言今后世界绝对不会发生战争。从最后的民主和平论的含义而论，伊朗等国的政治体制不能说是民主主义，俄罗斯的民主制也不得不说其问题多多。如果现在金融危机的对策出错，在矛盾积聚的国家内有不惜使用武力改变国际秩序的势力上台，那么事态改变的可能性当然是存在的。

第一次世界大战前，拉尔夫·诺曼·安吉尔所著的《大幻觉》（*The Great Illusion*）一书登上畅销榜，他在其中写道："当今经济相互依存发展，世界战争将成为不可能。"但不久以后第一次世界大战爆发。

仅仅依据经济相互依存的理由，难以断定战争成为不可能。同样的，现在也无法断言"当今21世纪的多极不同于19世纪的多极，因而21世纪主要国家间绝对不会发生战争"。

然而，笔者能够直言，这样的事态以后将越来越难发生。以上探讨的三大要因，比起第一次世界大战前更为强力，防止战争的可能性也增加了。

至少当下不会发生第一次世界大战开战前，英法军舰建造竞赛那般的相互促进型军备竞赛。今后为了避免这类事态，如第一章所述，保证金融危机的对策不出错非常重要。

来自非国家主体的威胁

前文已说到，军事力量的定义出现了变化，主要国家之间的战争难以发生的另一大要因在于威胁的性质渐渐转变。进入近代后，国家所受的威胁很多来自他国，其中受到他国的攻击最为危险。然而，20世纪后半叶，尤其进入21世纪后，绪论所言及的"新中世"现象显现以后，重大威胁则变成了来自非国家主体的威胁。

来自非国家主体的威胁不会减少。尽管这一威胁令人担忧,但来自恐怖分子的威胁、恐怖主义的问题也使国与国之间有了协作的可能性。恐怖分子会袭击谁、在哪里发动袭击,都是不可知的因素,因而我们可以认为,剿灭恐怖分子是所有国家的利益所在。从这个意义来说,21世纪安全保障方面的威胁是恐怖主义这一点,具备缓和主要国家之间矛盾的作用。

从世界史来看,海盗再度飞扬跋扈,不可不谓是"中世"的一大特征。作为非国家主体,海盗袭击远离国家管控海域的商船,以索取赎金。近代国家的重要使命之一便是严禁此类事件在本国领海内发生,并且在公海上也要能即刻应对。然而,不少处于"混沌圈"的国家既没有这样的能力,也没有这种意识。索马里就是典型一例,这也导致索马里海域的海盗活动日益猖獗。

不过,这类事件也不是没有促进国家间合作的可能性。至此为止,对类似的国际海盗问题并不怎么热心的中国也决定派出军舰,日本也通过决议派遣自卫队舰船。当然,若各国海军企图利用海盗对策扩大本国权益,那么这反倒成了不稳定的因素了。

作为本章的结论,再度回顾一下超长期趋势。近代世界体系形成的后半期(19世纪初为止),近代世界体系之外存在的巨大的经济中心——中国与印度,被近代世界体系纳入其中而失去势力,但进入21世纪后又一次发展壮大。这意味着近代世界体系的"欧洲时刻",即西欧拥有庞大势力的时期逐渐走向终结,同时诞生了世界级的多极局面。

这一多极局面,一旦其运营方式发生错误,可能会走向崩溃。就这一意义而言,不可以轻视现在的危机。然而,在探讨为何中国与印度的势力变得如此强大时,必须看到,这些暗中发生的变化并不仅仅会助长危机,还提供了主要国家间建立协作体制的可能性。

第三章

驱动世界体系的新实力原理

第一节 "硬实力"与"软实力"的再探讨

"多极"世界中的政治

主要国家间的和平与繁荣,全球化的进展与新兴国家的发展,民主化的普及,这些趋势日益显现,但是各式各样的危机连锁、陷入混沌与不安地区的存在以及连体系大崩溃的可能性都有——这便是现在的世界体系。

第一章探讨了最近的世界金融危机诱发政治危机的可能性,第二章讨论了作为超长期可能性的印度与中国的复兴给世界政治重组所带来的可能性。这些讨论立足于现在发生的具体事件,逐一回顾过去的历史,思考今后可能走上的道路。

展开这些讨论时,无论如何都需要一张与近代世界体系发展相关的粗略示意图。可以把近代世界体系看作依据诞生于16世纪前后西欧政治与经济的组织原理所成立的体系，之后它扩大至整个地球。其中，地区间相互联系愈加紧密的趋势，通常被称为全球化，通过这一过程，近代所发明的技术、观念、制度传播至地球各个角落。

这一过程诱发全球各类矛盾、弊端、差距，但从长期来看，随着这些传播的推进，如第二章所述，结果就是人均生产率本身也出现了平准化的趋势。换言之，规模最大的国家中国与印度也以极为迅猛之势出现经济发展的趋势。

其中使得作为近代世界体系政治面的基本原理登场的近代主权国家本身的功能产生了变化。国家是战争执行的主体，理所当然必须确立安全保障，但渐次成了给予人们营生的框架、秩序的存在。另外，即使主权国家这一组织形态在世界进行了形式上的普及，而实质上则是国家功能无法实现的国家也随之诞生，即笔者的框架中所谓的混沌圈破产国家。

在国家的应有方式变化过程中，各类国家之外的主体出现了，企业、非政府组织、恐怖分子、区域组织、国际组织逐一登场。在世界体系中显现的主体越来越多样化，它们之间的关系也愈加复杂。

由于各类主体的作用，世界金融危机不再是一国容易处理的问题了，恐怖分子对安全保障的威胁也非单纯的军事组织就能简单应对的问题了。另外,如果爆发从未出现过的传染病(如新型流感),就可能造成世界范围的巨大损失。

进而言之,将地球整体纳入其中的近代世界体系逐渐显示出作为同一体系的同步性,这对作为生态体系的整个地球也产生了直接影响。化石燃料的大量使用伴随着人们生产率的提升,由近代世界体系带到了世界各个角落,人类平准化的推进造成的后果,给地球的生态体系带来了极大的负面影响。气候变化问题正是显示近代世界体系发展与地球生态体系之间矛盾的重大课题。

主体发生变化,问题走向全球化。在这样的背景下,政治如何运作?这个政治不一定指过去国与国之间的政治,即无法还原狭义上的国际政治。各类主体并不限于国家一类,而问题则是它并非仅靠国家就能解决的。

本章可能比较抽象,将思考以上多样的主体登场、问题全球化的状况下政治所能涉及的范围。

软实力论

思考现代世界政治时,屡屡言及一个概念,即"软实力"。众所周知,创造并普及这一概念的,是在卡特政府与克林顿政府时期在美国政府任职的高官,哈佛大学的约瑟夫·奈教授。

就原理性而言,奈教授的说明极为简明。软实力及与之相对比的硬实力，是指通过报酬（甜头）与胁迫（苦头）而驱动对方的力量。以军事实力抑制核攻击和以经济援助将对方拉入自身阵营等都是典型的例子。相对而言，所谓软实力，是指对方依据自身想法采取行动，并且不让对方觉得是己方的困扰，使己方所想让对方自发去实现的一种实力。

于是，经过以上原理性思考后，奈教授所指出的权力区别显得并不那么新鲜。比如，孟子所言的"霸道"与"王道"的区别，粗粗一想，与此处所言硬实力与软实力的区别设想存在相通之处。"以力服人者"是硬实力，"以德服人者"是软实力。

然而，若真如此，软实力这一概念难在何处不就一目了然了吗？孟子以后的儒家贯彻王道是理所当然的，而实际上基于王道的政治又有多少呢？

无论是软实力，还是王道，其实践困难的理由在于方法的"间接性"，即短期内效果不明确。动用"硬实力"，结果是指对于要求胁迫与报酬如何组合的问题，归结到最后便是对于"去做××"的要求如何组合甜头与苦头的问题。当然，这一问题实际上极难着手，但思考本身很单纯。"硬实力"是否体现出效果，看结果便一目了然了。美国以压倒性军事实力控制了伊拉克，若伊拉克内政不稳定，则说明美国的硬实力是存在局限性的。

与之相对，软实力起到了什么作用，这无法明知。例如，宫崎骏的动画电影得到世界范围内的高度评价，那么，既然获得了"了不起"的评价，这对日本、日本人的意义何在呢？

"软实力"这一概念，其重要性容易被人认识，但其具体的行动则不然。以下虽有迂回之嫌，但作为普遍意义上的实力及其运用，笔者将提出独创的模式，并在此基础上，探讨与软实力相关联的、现代世界政治里的实力原理。

何谓"实力"？

那么，何谓"实力"？

关于实力，自古至今各类定义无数。哲学家伯特兰·罗素的实力定义是"经盘算而得的结果"。

肯尼思·博尔丁则提出了"实现所愿的能力"这一观点。例如，想举起重物，能够往上举，则说明有实力。想在选举中当选，如愿当选，则说明有实力。如能实现所想之事，便说明有实力。

马克斯·韦伯等人则定义：作为社会中的实力，"将自身的意愿强加于人的可能性"。与罗素、博尔丁之流不同，韦伯认为实力并非指竭尽全力去实现，人类使用的实力是指驱动他人的可能性。

确实，若想要实现目标，仅凭一人之力是存在局限性的。如果想在选举中获胜，不得不寄希望于大量的选民投票于自己。作为社会现象的实力,一般通过驱动他人能够明了,有驱动他人的程度高低就是实力所在了。

从社会中的人这一观点来看,马克斯·韦伯式的定义并不会造成疑问,但一旦涉及世界政治领域,却有感觉不太对劲的地方。换言之,提到某国的实力,就马克斯·韦伯式理论而言,便成了"将本国的意愿强加于他国的可能性",本国独自去实现某事,比如月球探险、片面破坏他国等,都无法被看作彰显实力的表现。

综上所述,以下将对为何那个"经盘算而得的结果"作为实力,开展探讨。

物理行为与象征行为

所谓实力,总而言之,不外乎这样的关系。盘算→结果。

那么,盘算如何进行才能与结果连接上呢?一般而言,有盘算的人将此通过动作表现出来,由于这些动作导致结果。盘算举起重物的人表现出了驱动双手的动作,获得了举起重物的结果。通常由盘算引起的动作称为"行为"。

总之,实现实力,不外乎是指基于某种盘算的行为取得成功的情况。比如,笔者即使想举起200公斤的重物,也不可能。没有这样的实力。

通常,人类行为分为两类。一类是物理行为,另一类则是象征行为。

物理行为，是指人类的手脚及其他动作遵循物理法则，欲成功实现某事的行为。举起某物、射箭、奔跑、搓黏土制陶器、种植稻谷、开车、发射导弹。直至结果实现的过程，是由人类的物理性动作仅仅借助一系列的物理法则贯彻到底而组成的。

相对而言，人类进行的另一类重要行为是：象征行为。象征行为，是指与其他主体之间基于某种契约提出达成一致的象征而欲实现结果的行为。

所谓象征，典型的例子如语言。例如，对某人说，"请拿一下盐"，根据这一举动，说话者从而实现了拿到食盐容器这一结果。

"请拿一下盐"，说话本身是动口发声的物理现象，但这一声波存在使对方获知说话者的意思，具有象征行为的特征。

对方递来食盐容器之举，并非声波遵循物理法则给予对方冲击从而经反射后容器自己飞过来的，加之，作为象征的声波，其特征颇为随意不定。因此，基于对方与己方的相互理解，只要这一声波具备某种含义，即使传出的声波是"Please pass me the salt"的声波，只要对方懂英语，也能获得相似的结果。法语、中文，任何语言都一样。另外，只要对方理解，哪怕仅有举起右手这一动作，食盐都会被递过来。

第三章 驱动世界体系的新实力原理

因此，人类运用实力，通过物理行为或象征行为或两者的组合，欲实现某事。相同结果的实现，可以通过物理行为，也可以通过象征行为。

想去大阪的人，如果自己开车去，这便是通过物理行为实现了结果；如果本人雇来一位司机，对其说"送我去大阪"，司机开车去大阪，那么这便是以象征行为实现了相同的结果。

人类使用物理行为所能够产生的实力，自工业革命后变得越来越强。那是因为人类遵循物理法则不断制造出人为驱动的人工产物。工业革命之前的工具实在不怎么样。

例如战争，在徒手或用剑战斗的情况下，一个人顶多对战几个敌人。但枪支发明后，会用枪支的人可以对战数十人。现在手持核武器引爆装置的人能够造成令人震慑的破坏。驾驶地铁的司机，一个人就可以独自将几百名乘客运送几十公里。

由此可见，仅仅借助物理行为而产生的实力本身有其推动社会发展的一面，然而，在实际生活中，仅仅依靠物理行为还有其局限性。

大多情况下，很多人通过命令等的象征行为来实现自己的意愿，进而提高人工产物的效果。通过下令"开枪"这一象征行为，让拥有机关枪的军队从众多机关枪射出子弹，进而强化了破坏力；通过下令"遵循劳作顺序进行劳作"这一象征行为，让操作工作机器的技工生产出大量汽车；乐团指挥借助挥动指挥棒这一象征行为，仅凭一人之力便可以使其个人演奏不了的众多乐器同时发声来获得结果。

此处令人不可思议的是，为什么通过象征行为能使人们动起来？众所周知，借助物理行为得以实现是因为遵循了物理法则。只要相信物理法则，便毫无疑问。然而，为什么对司机说"送我去大阪"，司机就会开车到大阪呢？为了思考这点，首先考察一下象征行为有几种类型。

象征行为的五大类型——陈述、要求、约定、表达、宣言

在此，参考哲学家约翰·希尔勒的语言行为论。他将语言行为分为五类。笔者认为，语言行为作为象征行为的典型性代表，其五类的分类法在广义上运用于象征行为的分类，也是可以成立的。这五类即"陈述""要求""约定""表达""宣言"。

（1）"陈述"（assertive），是指对现实的阐明，将存在于现实的事如实传达的象征行为。如"地球是圆的"，"权力会腐败"，"美国具备软实力"，等等。

（2）"要求"（directive），是指使对方去做某些行为的象征行为。如"把电脑递给我"，"废除核武器"，等等。

（3）"约定"（commisive），是指表示自身将来行为的象

征行为。如"给你蛋糕吧","会去打击",等等。

（4）"表达"（expressive），是指将自己的内部状态（感情）传达给对方的象征行为。如："好开心！""讨厌！""深深致以歉意",等等。

这四类象征行为中,"陈述"作为象征行为,是一种欲将表明的内容与现实吻合的行为。现实中,地球是圆的,所以才说"地球是圆的"。

与之相对的是,"要求""约定"则是欲将现实与语言（象征行为）吻合的行为。"要求"是一种欲使对方创造出新现实的行为,"约束"则是与之相符其自身创造出现实的一种预告行为。"把电脑递给我"这一要求,按照语言使对方改变现实。"给你蛋糕吧"这句话一说出,按照语言本意其自身则不得不使现实发生变化。

"表达"是与说话人自身内心一致而表示象征的一种行为。如果"陈述"使外在之物统合语言与象征,那么"表达"则使自身内部之物统合语言与象征。

（5）"宣言"（declaration），是指创造、破坏社会性现实的象征行为。

象征行为的最后一类是"宣言",这是极为不可思议的一种行为。

一般而言,比如大学老师进入教室,说"现在开始上课"。这句话既非"陈述",亦非"约定"。如果其他人说

"田中现在开始上课"，那么就是"陈述"，但是说了"现在开始上课"的教师，并不是在陈述其自身正在做的事。

另外，"现在开始上课"与"给你蛋糕吧"是不同的。如果说了"给你蛋糕吧"，这一瞬间尚未给予，但未来某一时段必须在现实中给予蛋糕。"现在开始上课"一出口，并不是预告再过10分钟开始上课，而是即刻开始上课。上课这一事态是由于说话人开口而发生的象征行为。

仅仅通过象征行为而创造了新现实的行为，这样的明言即是"宣言"。至此并不存在的事项（上课），通过明言"现在开始上课"，获得了存在。

反之，会议进行中，议长说出"会议到此结束"，会议结束，于是这一现实消失。人类无法通过象征行为创造出物理现象。人类即便说"发光"，光芒也不会出现。但是学校的老师一说"开始上课"，上课便出现了。

其实，这类"宣言"在现实生活中不胜枚举。棒球裁判员说"出界"，那么就是出界了。总理大臣带来某人，说"任命你为外务大臣"，那么那人就是外务大臣了。公司社长对职员说"你被解雇了"，那么职员就不再是公司职员了。选举之日，去投票所，在指定纸张上写下某人的名字并投入指定箱子，那么那人的"票"会增加一张，于是这便与某人是否当选为议员相关联了。

"要求"如何组合

结果，通过象征行为而实现某事，是指这五类的象征行为如何使用。那么，会有怎样的方法呢？

实现某事意义上的实力，与之直接相关的象征行为，明显就是"要求"了。所谓"要求"，原本是指希望配合这一语言和信息而创造出现实。

然而，为什么"要求"一提出，事情会实现呢？坦率而言，仅仅只是提出"要求"，事情并不会实现。走在路上，即使向他人突然开口"请给我蛋糕吧"，恐怕也只有发愣的份儿。

通常所做，都是"要求"加上其他象征行为。由于光说"请给我蛋糕吧"并不能获得蛋糕，所以便会说"给我蛋糕的话，就把我重要的娃娃给你"。这就成了"要求"加"约定"组合。"蛋糕给我拿过来，不拿过来就揍你。"这样的说法也可以。

前者为甜头型，后者为苦头型。报酬与胁迫，是指"要求"加上"约定"组合起来的两种类型。

当然，不只"要求"与"约定"的组合，也有其他。譬如，也能将"要求"加上"陈述"组合起来。

公交车司机对乘客说"危险，请不要离开座位"这句话，是"离开座位就危险"这一陈述，与"不要离开座位"

这一要求组合而成的。对政府说"快别在公共事业上花钱了，因为即便把钱花在公共事业上，经济的刺激政策也不会有效果"。这其中使用了"即便开展公共事业，经济的刺激政策也不会有效果"这一"陈述"，因而提出了"快停手"的要求。

"表达"行为与"要求"也能够组合。"我非常生气，所以停止那样的事"；"你变得自暴自弃，我会非常伤心，别这样"，"深深致以歉意，所以这次请原谅"等语句，也是通过"表达"其自身内心而提出要求。

通过加上"陈述""约定""表达""要求"的组合，让对方了解能够获得利益、成就这一实现，便是象征行为所带来的实力最基本的形态。然而，为此，"陈述""约定""表达"在怎样的条件下，能让对方达成最好要求的实现呢？

笔者认为，单纯说来，关于"陈述"的真实性，关于"约定"的信用度，以及关于"表达"的共鸣度，是其条件。

"即便投资公共事业，经济的刺激政策也不会有效果"这一命题（"陈述"）越是正确，越是被判断为符合现实，那么"停止对公共事业的投资"这一"要求"越容易成立。"把我重要的娃娃给你"这一"约定"的信用度越高，越容易得到蛋糕（为此，一定得有娃娃）。"揍你"这一"约定"

的信用度越高，越容易得到蛋糕。对"致以歉意"这一"表达"行为越感到共鸣就越能获得谅解。

反之，真实性薄弱的"陈述"无论说出多少，信用度不够的"约定"无论做多少，没有共鸣的"表达"无论做多少，"要求"都是很难成立的。

"宣言"与制度、制度与"要求"

读者可能会问，"宣言"怎么了？生成社会性现实或使之消失的是"宣言"。其实，达到"宣言"程度效果的实力，其使用方法是看不出来的。有意要开始上课的教师，走进教室，开口说"开始上课"，那么上课便成立，学生们悉数进入听教师讲课的状态。

这里与"要求"不同，没必要与"陈述"进行组合，既没有"约定"的必要，也没有"表达"的必要。有意开除下属的社长，说出"你被解雇了"，那么仅凭这一点，下属就不再是下属了。

然而，细细思考，"宣言"却不是简单的象征行为。因为并不是任何人都可以进行"宣言"的。非学校教师的人员，即使突然进入教室说"开始上课"，课程也不会开始，只会被认作怪人吧。而且，即便是教师，不在自己的授课时间，走错教室，宣布"开始上课"，学生们也会说"这里不是老师您的教室"。换言之，借助"宣言"生成某类社会性现实或使之消失，通常有必要在适当的上下文（文脉）中进行。

所谓适当的文脉，反而言之，可以说是使"宣言"成立的必要条件。为了使一个"宣言"成立，一般需要庞大的前提。"开始上课"这一"宣言"若要成立，学校这一组织是必要的，其中教师这一角色、时间分配、学生这一角色等是必要的。通常将这一庞大的前提称为"制度"。没有制度就没有"宣言"，能够进行"宣言"，是因为有制度支持。

反而言之，制度重要的构成要素，可以说是使得"宣言"成立的规约。但是，细细思考，一旦有了制度，"宣言"以外的象征行为也容易理解了。比如"要求"，在某制度中，"要求"可不与其他象征行为组合，能够单独执行。

比如，军队司令官仅开口说"开枪"，就可以命令部队开枪射击。对部队而言，没有必要逐一进行现在不开枪我们就要输的"陈述"，以及现在不遵守命令就要受到惩罚的"约定"。教室里的教师，可以对学生要求下周前完成作业。那时，没必要跟学生们"约定"不做作业就给差成绩。

也就是说，制度一旦成立，"要求"与其他象征行为组合的必要性就少了。总之，制度的另一个重要构成要素便是使"要求"成立的规约。

"宣言"即让社会性现实生成与消亡的行为,"要求"即让他人去实现各类行为的行为。制度越完善,"宣言""要求"都越容易实现。所谓"制度",可以说是任何人在任何状况下能够获得任何结果而事先制定规约的集合。

反过来看,在没有制度的地方,如果"宣言"不成立,"要求"也无法单独实现。在制度渐渐崩溃的情况下,"宣言"是不会成立的。例如,在"学校瓦解"的状况下,教师无法布置作业,就连上课也无法进行。

各类情况与实力的应有方式

若制度逐步消失,会怎样呢?极端情况是语言都无法沟通了。换言之,象征行为变得无法执行,可以说是制度完全缺失的状况、"物理状况"[象征行为能够执行,即某种声波、符号由某人提示给另一人,通过某种规约(语言等)将意思传达给对方以获得结果,这也是制度]。

这样的场合,借助象征行为的实力当然无法使用。这样的场合,能用的只有物理行为,而可以用到什么程度将由实力决定。

下一阶段,尽管象征行为能够执行,但过于复杂的情况无法执行(基本没什么规约)。也就是说,基于知识程度的交流等还未做到,仅处于单纯的"give and take"交流阶段。

这里可能进行的是"要求"与"约定"的组合。虽说是"约定",但即便是"宣言"等的约定,也毫无意义。具体的物理行为的约定,例如,某人将持有的食物给予对方、用持有的武器进行威胁,由此来"要求"一些事。其中两种行为分别被称为甜头与苦头,甜头即"约定"给予对方想要的东西,苦头即是"约定"给予对方厌恶的东西。上文已述,前者可以称作报酬,后者可以称作胁迫。这类情况叫作"物理性互惠状况"。

由象征行为产生的交流,一旦发展,便诞生出一种共享系统,即跟进知识共享,或对于知识生成的方法及标准产生认识。进行某类探讨时,在某种命题上达成接近真实性的认同,则处于另一种阶段了。

一旦进入该阶段,即便毫无报酬或威胁,向对方提示,只要行使某事就能获利,对方就能够按要求实行。此即通常所说的"说服"这一方法体现出了效果。

反过来说,知识共享没有最低限度的理解,说服是行不通的。换言之,某类知识共同体的成立,得保证说服所取得的效果,即"要求"加"陈述"所产生的效果。

进一步而言,在前一阶段,通常的"要求"行为是指获得物质等的物理行为,但到了这一阶段,"要求"行为有时也需要具备"陈述"的要素。比如,试图让他人预测未来的自己如何,作为报酬,便发生了给予对方物质的行为。如此一来,如同向宗教信仰者布施的模式,教师这一职业才得以成立。当然,相对于某种"陈述"的"要求",也需要在其他"陈述"的过程中进行"约定"。

同样,当交流推进到一定阶段,在人与人之间会产生"共鸣"。拥有某种情感,是理所当然的事,于是人与人之间便产生了自己也拥有类似情感的状态了。

进入这一阶段,即便提出"要求",无须报酬、威胁,也无说服的必要。仅仅喜形于色,对方便会为自己做些什么。另外,仅仅面露悲伤,对方便会改变行为。在共鸣共同体里,实力通过"表达"行为而启动。反言之,对于共鸣共同体之外的主体,通过"表达"行为贯彻要求,是极为困难的。

进而,在跨越物理性互惠状态的某一阶段,人与人之间产生一种认识,即集体行动可以为多数参与者带来利益。为了提升集体行动的效率,"要求"里面省略了其他象征行为,接着为了提高集体的功能,生成可操作的规约,此即"社会制度"的诞生。

换言之,发挥实力的应有方式,与人们的交流能力、某种共同体、制度形成的阶段紧密相关。现整理如下(见图3-1):

物理状况——仅物理行为

知识共同体——要求 + 陈述（说服）

共鸣共同体——要求 + 表达

社会制度——个别的要求（命令）

历史上，知识共同体、共鸣共同体、社会制度，三者关系错综复杂。历史上存在过的任何团体，均伴随着这三者不同差异而被载入史册。不过，宗教组织、教育组织、学会等，是以知识共同体性质为主的团体；家族、村落共同体、种族共同体等，则属于共鸣共同体色彩较强的团体；公司、军队、企业、国家等，可以说是社会制度成分更多的团体。

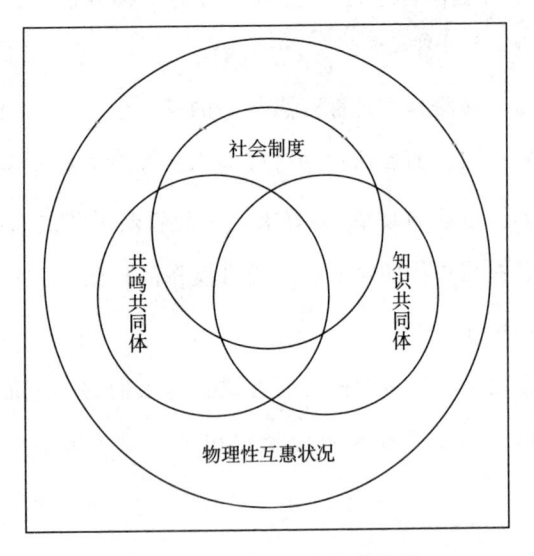

图 3-1 实力运作空间的关系

第二节 21世纪的世界体系

物理性互惠状态

以上是关于实力的泛论。本书的研究对象是21世纪的世界体系。那么，21世纪世界体系里的实力，到底是如何被运用的呢？在此，笔者将问题归纳为，现在的世界体系在当下所探讨的社会理想模式处于何种位置。

在传统国际政治学范畴里，世界体系一直指无政府状态的体系。换言之，覆盖于整个体系的中央集权式制度是不存在的，这是国际政治的特征所在。进而言之，即体系里知识共享不了，共鸣等状态完全谈不上。若如此，所谓世界体系，是指物理性互惠状态的体系。

在世界体系里，存在何种"宣言"，一目了然。即使美国前总统小布什声称伊拉克、伊朗、朝鲜为"邪恶轴心国"，这些国家也不会因此真正成为"邪恶轴心国"。这一表态，仅仅是"陈述"，且由于知识未能共享，只能被伊拉克、伊朗、朝鲜认为"并不真实"。另外，即便三国做出"反对美帝国主义"这样的"表达"行为，也不会因此改变美国的行动。

如此考量，所谓国际政治里的实力，基本是物理性互惠状态的实力,不外乎是物理行为"要求"试图通过物理行为"约定"来实现的实力。

以上见解也可以运用于朝鲜核问题的谈判。美国、日本对朝鲜提出废除核相关设施这一物理行为"要求",作为相应的"约定",或视情况进行经济援助,或视情况实施经济制裁。无论制裁还是援助,都是发生物质转移的物理行为。

综上所述,若将物理行为"约定"分类为报酬性物质、胁迫性物质,承担报酬的物理行为,则可以归结为生产能力即经济实力,而承担胁迫的物理行为,则可以归结为破坏物理性存在的能力,即军事实力。约瑟夫·奈所谓的"硬实力",便是指将报酬与胁迫这些"物理行为约定"付诸现实的实力。

知识效用的上升

然而,若对现实世界体系稍作详细探讨,便可知当今的世界体系并非完全是物理性互惠状态,知识共同体的一面、共鸣共同体的一面,以及某类制度的一面,也都从中看得出来。

比如,就连古典的近代国际体系之中,都不存在类似"宣言"的要素。借由"宣战"之举,非纯粹的物理性厮杀即战争这一社会性现实,是能够被创造出来的。作为必须遵守的规则,"战争"里存在战时国际法。譬如,举起白旗进行"投降宣言"的对手,是不可以被杀死的。

另外,联合国安理会的决议,相较而言,含有"宣言"的性质。因此,"萨达姆·侯赛因侵略科威特是对和平的威胁"这一安理会决议,一旦被宣布,萨达姆进攻科威特这一行为就被看作"对和平的威胁"。

虽然"表达"行为也有其局限性,但并非毫无作用可言。面对世界各国反美情绪高涨,美国前总统小布什也不得不高度关注这个问题。美国选民选择奥巴马作为总统候选人的大背景里,无法咬定其中没有受到全世界反美意识的影响。

知识共同体的一面,在当今世界日益增强。21世纪的世界体系之中,政治的典型特征在于高度关注地球范围内的课题。无论气候变化问题、新型流感,还是能源问题、金融危机,皆是基于一种认识,即某类问题给世界带来了负面影响。指出这些问题严重性的都是科学家、各领域专家,即作为知识承载体的人们、知识共同体里的人们。

奈教授曾提及,"在现代世界,软实力的作用变得重要起来",这时他将非硬实力的实力行使称为软实力。然而,硬实力以外的实力行使方法,实际上可能存在多种多样的形态,前文的分析已有提及。奈教授有时将软实力描述为通过"魅力"促使对方行动的实力,可见"魅力"仅重视"共鸣"的一面。

制度达到某种程度成型后,可分为遵循制度而开展的行动及不遵循制度而开展的行动。遵循制度开展行动的人们，比较容易获得其他人的支持，他们较难提出反对。这部分也不属于硬实力。

进而言之，依笔者所见，现代世界体系的最大变化在于知识共同体的成长。共鸣共同体的要素在增加，制度化在进行。然而，尽管如此，超出物理性互惠状态的关键原因却在于知识共同体的发展，即象征行为里所谓的"陈述"部分重要性的增加。

比如，开展地球环境相关研究的科学家，或关注此问题的政治家、非政府组织、社会活动家之间，传播着一种认识，即"如果对这一问题置之不理，它会变得更加严重"，若如此，便可以作为地球性课题了。

质疑"地球真的在升温吗？"的观点也是存在的。联合国的政府间气候变化专门委员会（IPCC）集结科学家们的各种见解，陈述为"尽管作为参考评论来看可以分为几类，但地球升温这一事实已是极为严重的问题了"，由此创造出"气候变化是重要的"这一认识。

结果，气候变化的相关规定出炉，应对它们的相关框架得以成型。1992年里约热内卢的地球峰会首次缔结气候变化框架公约，1997年《京都议定书》得到采纳。《京都议定书》生效后，每年举办一届气候变化框架公约缔结国会议（COP）。每一次举办COP，都决定了京都议定书生效后各国的行为。

金融危机本身,虽相当明了,但在"针对金融危机必须这么做"这一要求的前提下,是存在"陈述"的。而经济学家的发言也算"陈述",如"现在听之任之,不增加货币供给力度,事态会变糟糕";"不进行大规模的公共投资,失业问题就不会改善";等等。

在"与恐怖主义战斗"里,攻击恐怖分子的根据地是物理行为。不过,"与恐怖主义战斗"如何推进较好,这一议论却属于"陈述",要进行事实理解。"为了处理阿富汗事务,仅仅采取军事行动是不行的,必须使其民主进一步复苏"等讨论,则是对于事实的理解(认识上的级别)。

基于这样的理解,会发生什么呢?那就是对于现实的理解(认识上的级别)会推动事物发展。随着认识的变化,推动事物发展的实力,至少在地球性课题的处理上,可以说会非常强势地得以显现。

基于问题的(issue based)政治

解决以上地球性课题的实力,在国际政治中正成为重大要素。在安全保障方面,防范某一国的举措不可能去掉,但21世纪的强国"或强有力的干预者所抓住的问题,已呈现以问题为基础的政治倾向"。某种意义上,可以说国际政治也开始出现与国内政治相似的一面了。

譬如，气候变化框架里，欧盟主张 A，美国主张 B，日本主张 C，其间讨价还价，最后要敲定其中的一个。金融问题或许也是讨论各个国家如何解决才好。阿富汗的反恐对策亦是如此。

如前所述，基于问题的政治，也可以认为国际政治开始变得与国内政治越来越相似。只不过，必须注意比较国际政治与国内政治，若是国内政治，通过民主党的主张还是自民党的主张，最终由选举来决定。可是，在世界体系中，当今基于问题的政治里，通过哪一方的主张，没有选举，也没有多数表决程序。

此外，在 19 世纪的国际政治中，引起纷争而使之平息的制度为"战争"。然而，现在若各国对全球事务等意见发生对立并使之平息的话，利用"战争"手段已完全失去意义。气候变化框架公约成立不了，欧洲不听美国的，所以美国攻打欧洲使公约成立，这是不可能的事。尽管美国在气候变化方面不对欧洲让步，也不会发生欧洲进攻美国的事态。

世界体系由什么来做决定

那么，世界体系里，具备什么样的条件最终可以归结为同一个结论呢？现实中，一旦"发生全球事务"，虽然人们都承认问题的存在，但无法解决的情况有很多。比如气候变化方面，京都议定书由美国前副总统戈尔竭尽全力提倡，结果美国却未批准,以致其未能成为具有实际效力的文件。

当然也有通过多数表决来做决定的事例,如欧盟内部的决议,可以看到试图加入多数表决要素的方向。只不过,多数表决机制在地球范围内实现,当前不太可能。就连欧盟内部的抵抗都非常强。那么,世界体系中什么决定制度也没有吗?什么都无法决定吗?

20世纪80年代霸权稳定论的观点受到热议。虽无世界政府,在霸权国(Hegemon)存在的情况下,这个霸权国在解决某类问题时其自身也能获利的情况下,通过其本国一国的(单边的)行动,使用了解决问题的资源。如此一来,全体获得收益。

这与经济学教科书中出现的"公共产品"供给问题想法一致。有了灯塔,大家都得利。那么,灯塔由谁来建造呢?一般由政府来建造,没有政府的情况下,由最富有、海运中最得利的人来为其自身利益建造灯塔。于是,分文未付的普通人获得了好处。这便是搭便车,即便搭上便车,最富有的人也不会因此有所损失。灯塔由此建立起来。

换言之,一个答案便是,即使不存在世界政府,只要存在霸权国,就总有解决之道。气候变化也罢,其他也罢,最大的头儿说"如果气候恶化,会出现重大灾害,必须想办法解决",对于不听话的国家,则说"听话的话就给好处",使之跟随。说得难听些,就是即使收买对方也要达成共识。

这便是霸权稳定论的问题解决方法。

然而，这一方法至今出现了无法顺利落实的可能性。从经济实力分布来看，20世纪后半叶的霸权国是美国。美国拥有极具优势的实力，由于美国会替自己解决问题，只要顺从它就行，这也很容易理解。在美国实力下降、已不存在霸权国的现在，没有霸权国的国际协调或解决问题的框架成立了吗？

以下，在考察简单的胜负理论例子的同时，试探讨一下在什么样的情况下能够解决问题。

博弈理论的说明

当然，世界体系里存在数量众多的主体，因此，实际的博弈是颇为复杂的，不过，为了捕捉问题本质，若尝试考虑只有两个主体的情况，则比较容易理解。图3-2的1)~4)模型展示了各类不同状况——各自的情况下怎样进行选择才能让双方相互得益。

在图3-2的1)中，两人一旦合作，双方便能取得良好结果。若一方不合作，则两人都沉没。双方均不合作的话，当然沉没。这类不合作双方都沉没的问题，即便两者都不是霸权国，也会合作。

图3-2的2)是被称为"协调博弈"的博弈。当存在A与B两项选择时，双方选择同一选项时，两人都得益；双

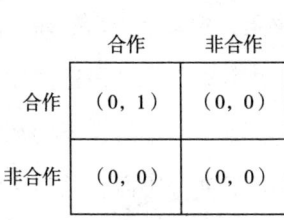

	合作	非合作
合作	(0, 1)	(0, 0)
非合作	(0, 0)	(0, 0)

1）合作明确的博弈

	Ⅱ A	B
Ⅰ A	(0, 1)	(0, 0)
B	(0, 0)	(1, 1)

2）协调博弈

	A	B
A	(3, 1)	(0, 0)
B	(0, 0)	(1, 3)

3）约会博弈

我 \ 伙伴	沉默（合作）	招供（背叛）
沉默（合作）	有期徒刑（1年, 1年）	（5年, 0年）
招供（背叛）	（0年, 0年）	（4年, 4年）

4）囚徒困境

	Ⅱ 减排	放任
Ⅰ 减排	(1, 1)	(-2, 2)
放任	(2, -2)	(0, 0)

5）气候变化问题是囚徒困境？

说明：括号内左边表示"我"的刑期，右边表示"伙伴"的刑期。

图 3-2 各类博弈

方做出不同选择时，两人都损失。当有右侧通行与左侧通行两个选项时，无论左右，哪一侧都行的情况下，只要双方选择相同，就不会相撞。如果一方右侧通行，另一方左侧通行，那么两人便会相撞。另外，在有两个检票口的车站相约见面也是同一道理。

图 3-2 的 1）由相互合作来决定，但图 3-2 的 2）中，在不知道对方选择什么的情况下，也不知道自己该选择哪一个。不过，要解决这类博弈，并没有那么困难。这样的场合进行协商决定选项即可。或者，即便不进行协商，如果一方单方面宣布"我选择 A"，那么另一人即会产生"对方选择 A 的话我也只好选择 A 了"的想法。

图 3-2 的 3）是"约会博弈"。一人"想去音乐会"，另一人"想去看棒球比赛"，各执己见的双方无法开展约会。一方决定去音乐会，另一方决定去看棒球比赛，约会无法成立。即两人觉得能够约会固然好，但我觉得音乐会好；虽然能够约会比较好，但你觉得棒球比赛好。

以上情况，若选择自身所喜欢的，则约会无法成行，这是最糟糕的结果。与图 3-2 的 2）中的协调问题相似，不选择同一选项，双方都受损。另一方面，图 3-2 的 3）与 2）的不同之处在于，3）里根据最终选项，双方的份额会发生变化。选择最终选项的一方比对方获益更多。

这一博弈中，一方强势便容易取得有利的情况，意志坚定的一方获胜。如果说"我一定要去音乐会"，那么对另一人而言，选择的余地也就没有了。这叫先下手为强。

再举一例。强劲的外敌当前，若各自为政，情况变糟糕时该怎么办？有领袖的组织与无领袖的组织，要说哪一方较强，当然是有领袖的一方较强。那么，哪一方会成为领袖呢？这时，首先宣布"我是领袖"的一方具有成为领袖的可能性。

这一博弈模式虽简单，却可能包含了极为深刻的问题。也就是说，尽管与"协调博弈"相似，但份额并不平等，而现实状况则是约会博弈可能更多。且每次平局一旦得到确定，这样的状态会持续下去。份额少的一方即便认为不平等，也无法单方面从这一状态逃脱的。

现实世界里，标准的制定、规则的制定等，不是以这种"约会博弈"的形式居多吗？

"囚徒困境"

比起图3-2的1)~3)，更难的则是所谓的"囚徒困境"博弈［见图3-2的4)］。这是比喻因某种嫌疑遭到逮捕、分别关押于两间单人房的两人所面临的博弈。

虽然美国存在那样的司法交易的情况，但对这一嫌疑人而言，具有决定性的则在于供认罪行。若两人自始至终保持沉默，则至多只能以轻罪判处两人一年有期徒刑。在此，调查人员分别对其采取司法交易。"你本人招供，而你伙伴继续保持沉默，他判有期徒刑五年，你无罪释放。不过，你伙伴招供，而你继续保持沉默，他无罪释放，你判有期徒刑五年。"如果双方问两人都招供会怎样，"这种情况两人各判有期徒刑四年"。

这时，囚徒会怎么做呢？有两个选择：或保持沉默，或供认罪行。继续保持沉默会怎样？若对方继续保持沉默，则自己被判有期徒刑一年；若对方供认罪行，则自己被判有期徒刑五年。供认罪行的话会怎样？对方继续保持沉默的话，自己无罪；对方供认罪行的话，自己被判有期徒刑四年。选择看上去很简单。对方无论保持沉默还是供认罪行，自己供认罪行的选项获罪较轻。如果对方为自己保持沉默，自己还可能无罪释放，即便对方供认罪行，四年就了事。如果自己保持沉默，对方供认罪行的话，可能就要获罪有期徒刑五年。换言之，不管什么场合，供认罪行的选项比较有利。

然而，两人如上采取理所当然的措施，结果会如何呢？双方都会供认罪行。换言之，两人都是有期徒刑四年。这一结果怎么评价？请再看一次模型。双双获罪有期徒刑四年对两人而言是最好的结果吗？与左上方的结果比起来如何？左上方的结果是两人继续保持沉默的情况，若如此，两人各自获有期徒刑一年就了事。这一事实不是比双双获有期徒刑四年更好吗？

换言之，以上状况中，两人各自着眼于自己的利益做了选择，最后却产生了无法到达对双方而言最好的结果这一困境。究竟该如何做才好呢？这是个难解之题，围绕这一问题，成千上万的学术论文进行了探讨。

单纯的解决之策并不存在。比如，不在单人间，双方能够联络会如何？这不可能解决。那是因为一方会提议"相互保持沉默有好处，所以不要开口"。假使对方确实按照这一提议保持沉默的话，那么对自己而言肯定是供认罪行来得好。说不定对方可能打算将这个信息传达出去之事瞒着自己。自己默不作声，对方却可能坦白供认。若如此，自己就单方面获罪有期徒刑五年。不管怎样，供认罪行比较好，这是肯定的。这样一考虑，结果是相同的。

气候变化问题是"囚徒困境"？

当然，若这个"囚徒困境"是存在于博弈理论教科书中的困境，则让理论学家在头脑中烦恼便是了。问题是，现实社会里与之相同形式的困境存在不少。比如，地球变暖的对策。图3-2中的5）则描绘了这一状况，但模型中的数字，希望加上经济成长与气候变暖所带来危害的整体利益来考虑。

换言之，若双方致力于二氧化碳减排，由此可能造成经济发展减缓，但气候变暖得到缓和，各自取得1分利益。另一方面，如果对方国不减排，仅本国减排，那么气候变暖能在某种程度得到缓和，但本国负担过重，阻碍经济成长，因此仅本国利益减2分，对方国在气候变暖方面的利益得到某种程度强化，达到了经济发展的目的，由于不花费气候变暖的成本，整体而言获得2分利益。如果双方都放任置之，经济增长能够达成，可是气候变暖，状况恶化，结果双方都是0分。

假设现实中以上述形式来进行，减排这一选项意味着无论对方减排还是放任，怎么做都无利可图。在对方放任时，减排就本国而言损失相当大。

在实际的气候变化问题里，演员不是两位，但考虑方式看起来却与那两位囚徒比较相像。如果美国、中国、印度、欧洲、日本全体不赞成，那么减少二氧化碳排放量是不可能的。然而，"囚徒困境"的情况下，不愿意单单自己看起来像傻子，因而"不合作"就变成合理的选项，结果便陷入全世界范围内无法减少二氧化碳排放量这一困境了。

作为这一难题的解决之道，如上文"霸权稳定论"所述，如果只有一国拥有突出的资源并从容有余，那么这一国对于赞成合作的国家随后进行褒奖。通过褒奖，能有一定几率改变合作国家利益获得的模型，从而使对方开展合作。

反之，仅对不合作的国家进行"制裁"，改变最终利益的获得也不是没有方法。然而，现在存在这样从容有余的国家吗？谁都无法进行犒赏、制裁的话，该怎么办？若一个国家不够从容，那么由两到三个国家来建立一个松散的联盟可行吗？

实际的气候变化问题讨论中有这样的说法：如果中国、印度对减排目标达成一致，日美欧将进行技术援助。这正是多国对合作的中国、印度以博弈模型中所没有的资金援助（褒奖）形式另行实施，是作为整体最合适的形式。

当然，作为更为根本的问题，被称为"囚徒困境"形式的现实，存在果真如"囚徒困境"的疑问。这是围绕模型现实性的问题。

譬如，即使如"囚徒困境"所见，也是短期情况，如果考虑长期的各种要因，不进行减排，当时虽看上去获益，此后却因气候变暖而遭受巨大损失，明白这点后，博弈的形式可能实际接近图 3-2 中的 1）。这样的话，困境随之消失。借助与解决困难联系起来的形式，将问题重新进行定义，即使不以国家形式，也可以对解决世界性问题施以重大影响。

此外，随着技术的进步，也存在改变博弈模型的可能性。换言之，说不定能够不花费大量成本而进行减排，若减排手段不会阻碍经济成长就好了。

技术革命的突破，并不是只有国家才能做，世界各地的大学、民间企业的作用极大。灵活运用突破的新技术，如能发挥其实际效果，将会产生世界性的影响。

也就是说，即便是看起来如"囚徒困境"的博弈，从容有余的各国能够合作或通过实际世界的正确理解，提示现实并非"囚徒困境"，或随着技术进步等将实际状况转变为非"囚徒困境"，那么即使不存在世界政府，这一困境也是可能化解的。

实效化过程与正统化过程

以上探讨了四大类型的博弈形式，那么实际情况如何呢？"囚徒困境"颇为棘手。然而，依笔者所见，不存在"囚徒困境"的地球性课题相当多见。若能明确各种问题因何种构造而成，解决问题的合作就有可能了，另外，取得多国的共识，即使没有世界政府，也是可行的。

实际的世界体系里，观察近期的政治过程，处理困难问题时存在两种过程：一种是确保实效性的过程；另一种是确保正统性的过程。

确保实效性的过程，是以国家为基础的框架，G7、G8主要发达国家之间进行协议的过程。在基于问题的政治里，对于问题的正确理解不可或缺。问题正确理解后才首次明白围绕这一问题的博弈以怎样的形式进行。阐明地球各类课题的资源最终与知识共同体的能力息息相关，迄今为止主要发达国家承担了这一责任。此外，若解决问题的资源投入有其必要性，主要国家还是关键所在。

可是，如第二章所论，中国、印度等其他国家的影响力逐年增大，必须增加主要合作国家的数量。而事实是，这些年 G8 峰会（美、英、法、德、意、日、加、俄）上，新兴五国（中国、印度、巴西、墨西哥、南非）首脑也开始参加。在"多极"时代，这一趋势进一步加强。

另外，北海道洞爷湖峰会上，进而加入印度尼西亚、澳大利亚、韩国这三个主要排放国后同时召开相关会议。这十六国与土耳其、沙特阿拉伯、阿根廷及欧盟代表组成 G20，对于金融危机的处理，是以 G20 为中心开展的。换言之，"G7/G8＋"或"扩大版 G7/G8"这一框架在世界体系的实效性担保过程中起着推动作用。

不过，实效化过程不仅停留于国家层面的框架。与每年 G7/G8 峰会筹备并行的是各类非政府组织、企业进行的众多倡议与活动。作为促成共识的助力机制，如世界经济论坛历年的达沃斯会议等，发挥着重要功能。当然，发展中国家的立场、反全球化的非政府组织组织的活动也被组织起来，对于以上实效化过程的影响越来越明显。2008 年北海道洞爷湖峰会时，G8 大学峰会等会议也得以举行，学术界对世界政策的提议也出现了。

然而，地球性课题的结构里，正统性也是必需的，换句话说，即需要更为普遍的构造。现在的世界体系中，承担此类普遍性的是，以联合国为中心的多家国际机构的相关会议。

联合国相关众多会议的决议，或全体取得共识，或意见一致的国家之间受到约束，并不可能像国内政治中的议会那般。不过，又非 G7/G8 决议过程那样是少数国家间的意见一致，所以更为普遍的共识达成是可能形成的。尽管算不上强势，像这样普遍性的会谈所获得的一致，达到了世界体系中"宣言"的功能，由此便可创造出世界体系的一大事实了。

作为典型一例，有已述的气候变化问题的解决。依据气候变化框架公约，每年召开的缔结国家会议（COP）才是赋予解决问题的正统性构造。实际的政治过程则在 G7/G8 峰会上进行非正式化的讨论，各类影响传播于主要国家之间。这类政治，不仅涉及国家，企业及各种非政府组织也多有涉及。于是，非正式的议论逐渐被收集起来，最终拿到每年一次的缔结国家会议正式得到决议。

21 世纪世界体系的实力

综上所述，21 世纪的世界体系里，能够处理地球性课题、人类共同事务的实力极为重要。所谓处理这类问题的实力，一个是理解现实的知识能够有多大的产出实力，另一个是关于此类问题能够有多快产生决策的实力。

由"协调博弈""约会博弈"可知，能够先行采取行动的一方处于有利地位。物理行为实行手段丰富的一方，当然重要。因此，根据合作体制、具体情况，对于可能会反对的给予资金援助的联盟是能够建立的。

然而，作为更加重要的实力资源——知识，能够将其巧妙表现出来的"陈述"能力变得愈加重要。与担保实效性行动比肩,能够对赋予与正统性相适应的规则提出意见的能力,也是重要的因素。

总而言之,能够产出知识、迅速决策、巧妙将其他要素联系起来的国家,才能引领当今21世纪的政治。古典实力的政治"要求"+"约定"的意义将变得无足轻重,但依然会作为建立联盟的工具而被使用。即便是"多极"时代,仅仅由物理行为来规定的"极"也不会发挥重要的作用。

第四章

奥巴马的难题

第一节　美国拥有的资源

美国在 21 世纪世界体系中的意义

前面的章节谈到了现在的世界体系所面临的危机特征、其背景下长期的发展趋势，以及现在运作中的政治情况。其中，美国今后的发展态势依然是考察世界体系的动向时不可忽视的重要因素。

前面的章节对何种因素如何使用何种力量做了一般性讨论，但对于现在这样一个由多种因素构成的十分复杂的世界体系来说，这种一般性的讨论是具有局限性的，我们还应该将注意力转向个别因素的具体分析，尤其是 20 世纪一直引领世界的美国今后会有怎样的发展，这是我们不得不特别讨论的问题。

第四章　奥巴马的难题

正如绪论中提到的那样，现在的世界体系处于危机之中，在某种程度上可以归结为冷战结束后世界对美国在政治和经济两方面的反应。政治方面，美国以自身在世界上的压倒性力量作为前提而推行的各种尝试渐渐无法顺利进行。经济方面，奉行"将一切交给市场，减少对经济的干预"的自由放任主义导致美国乃至全世界形成大规模的泡沫经济，而其崩溃又导致严重的经济危机。

因此，可以说现在世界上各种各样的问题都是由对美国的反应衍生出来的，但在考察今后世界体系的发展动向时，预测美国将在国际政治中如何表现、美国国内政治将如何发展，仍然是十分重要的课题。

恢复美国的"陈述能力"

具体来说，巴拉克·奥巴马（Barack Obama）在2009年1月建立的美国政府，今后将朝着怎样的方向发展，是一个重要的课题。

从上述世界形势、政策的状况来考察，巴拉克·奥巴马当选总统一事本身并不让人感到意外。国民们认为当时的总统在政治安全保障方面未能有所建树，并且经济危机由此而生。总统大选就是在这样的情况下举行的。当执政党[①]在政

[①] 当时美国的执政党为共和党。——译者注

治方面和经济方面都失败时，在野党的总统候选人在大选中当选一事也就不那么让人吃惊了。就算巴拉克·奥巴马并非民主党的候选人，民主党胜出的可能性仍然非常之大。

但奥巴马政府的建立及其对竞选者约翰·麦凯恩（John McCain）的压倒性胜利依旧具有十分重大的意义。除了奥巴马成为美国首位黑人总统的重大意义之外，从这一事件对世界体系的影响来看，更重要的是，这意味着美国选出了一个旨在变革的新政府，在向世界昭示：美国虽然现处困境之中，但仍然能够选出与此前不同风格的且有能力的领导人。

从第三章来看，前任布什政府影响力下降的最大原因是民众对美国陈述能力的不信任感。不管是反恐战争（对テロ戦争）还是金融宽松政策，人们开始对美国所陈述的世界认识的真实性持有严重怀疑态度，甚至在政治方面和经济方面都出现了这样的言论：如果按照美国所说的去做，世界会变得不正常，谁能说不是美国给世界带来了危机呢？而奥巴马政府的诞生就是美国在向世人展示：在这种状况下，美国并未陷入政治上的沉默，反而有能力从美国自身出发，修正自己过去的行为。

另外，从领导人个人的适应性和能力来看，巴拉克·奥巴马这样的人物也不多见。从募集资金到传递自身信息，奥巴马在竞选活动中屡屡创新，这样的能力也非等闲之辈可比。

虽然他缺乏行政能力和作为一国领导人的经验，但其雄辩之才和融入民众之能力为其加分不少。甚至可以说，世界各国都在想，为何自己国家没有像奥巴马这样的人物出现呢？奥巴马总统不仅自身拥有优秀的表达能力，而且能让世人对其表达产生"共鸣"。

奥巴马团队的难题——金融危机、实体经济、阿富汗、气候变化

然而，实际上，奥巴马政府领导下的美国在世界体系中的影响力如何，在笔者撰写本书时尚是一个未知数。这是因为正如绪论和第一章提到的那样，现在世界面临的危机并非那么容易就可以化解，即便奥巴马总统是有才之士，又或奥巴马总统的执政团队精英汇聚，想要在短时间内有所建树也并非易事。金融危机何时才能得到一定程度的遏制？金融对实体经济的影响能被控制在何种程度之内？这些都是难以预测的。

在安全保障方面，阿富汗的形势并不乐观。2008年，多国军队在阿富汗的死亡人数大幅增加，但事态并无丝毫改善，甚至从阿富汗到巴基斯坦的状况都有所恶化。巴基斯坦内政不安，陷入所谓的"反恐战争"，在这种情况下，奥巴马总统能够发挥什么作用，实在是难以预测。

另外，从更加长远的气候变化问题来看，正如以上章节

所说的那样，世界各国就该问题也很难取得共识。

即使奥巴马总统在新政府成立后立刻利用所谓的"美国政治的蜜月期"（即新政府诞生后，在100天内较少受到批判的惯例）实施诸多政策，恐怕也难以保证以美国为中心的世界形势能够有所好转。

美国已变得软弱无力了吗？

那么，在现在的世界政治中，美国真的变得软弱无力了吗？或我们是否可以像第二章所述那般，认为由于中国和印度的崛起，或受到欧洲一体化（欧盟统合）的影响，美国在世界体系中的地位下降，难以继续掌握世界领导权，其影响力急剧下降呢？

笔者绝不这样认为。虽然在布什政府的最后时期，美国的影响力下降了，但新政府诞生后，目前在世界范围内并没有另一个国家可以像美国这样发挥领导作用。

如第三章所述，冷静分析支撑国家综合实力各个方面的基础后，我们可以毫无疑问地认为美国依然是世界上最优秀的国家。即使它在伊拉克战争中失败，即使它放任阿富汗形势恶化，即使它导致世界金融危机且经济形势可能在今后很长一段时间内难以恢复，从解决以上问题的基础来考虑，美国依然具有相当的优势。

甚至可以说，通过奥巴马政府的登场，美国在世界政治的游戏中发挥领导作用并将其付诸实践的条件已经成熟。

当然，拥有所谓的"优势"并不意味着能够马上解决以上问题。但是，与世界上其他国家相比，虽然它引起了伊拉克的失败和金融危机等问题，但说到底还是只有美国拥有把世界从这种危机状态中解救出来的力量。

金融危机的恢复资金全靠美国

例如，使世界从现在的金融危机中恢复过来的"最后贷款人"（Lender of Last Resort）是谁？现在世界上的最大贷款人依然是美国政府自身。布什政府为解决不良债权问题而提到的7000亿美元，并不是其他哪个国家出的，也不是IMF拿出来的，而是美国政府自身出资的。

回顾1997年亚洲金融危机时的泰国和韩国，以及其后陷入债务危机（デフォルト危機）的俄罗斯，都没有能力凭借自身力量走出危机，不得不依靠外国的帮助。从世界金融危机的形势来看，最终能够提供足够现金（キャッシュの手当て）的国家只有美国。

当然，为了防止美元暴跌，作为最大外汇储备国的中国和日本的协助是十分必要的，而对中国和日本来说，几乎不可能不协助美国。

这是因为，如果中国和日本将外汇储备，也就是以美国财政部证券的形式持有的美元大量卖出，就会导致美元暴跌，世界更加混乱。美元暴跌，中国和日本也难以置身事外，它们与美国的命运被拴在了一起。因此，它们不可能不协助美国。这样一来，美国就可以在中国和日本的协助下，针对金融问题使世界形势有所改善。

当然，最后美国的财政赤字可能会大幅增加，但考虑到美国的经济规模和经济活力，其财政赤字应该不会达到美国无法应付的水平。如果说第一章中提到的 20 世纪 30 年代美国对经济大萧条的应对是一个反面教材的话，那么要使世界经济稳定下来，最好的办法就是美国增加自身的财政负担，这样才有可能改善事态。

另外，欧盟整体的经济规模与美国的经济规模相差不大，从此次金融危机对实体经济的影响来看，欧盟很可能与美国一样蒙受巨大损失，甚至有可能比美国遭受的影响更为深刻。

欧洲的冰岛已宣布国家财政破产，但这种状况并非仅限于冰岛，经济规模相对较小的中东欧各国今后的经济状况都难以预料。即使只考虑欧元区国家，其是否能够快速走上恢复道路也尚未明朗。如果德国、法国、意大利等国在宏观经济政策方面不能有效地协调行动，欧洲不能作为一个整体行动的状况有可能持续下去。考虑到这些方面，金融危机之后，美元对欧元的汇率可能持续升高（欧元则不断下跌）。

这样看来，今后能够引领世界的并非欧洲。换言之，即使美国不行，那欧洲也不行。与欧洲相比，难道不是美国成为领导者的可能性更大吗？

美国压倒性的军事力量——占全球总额的41%

另外，关于安全保障问题，在阿富汗等地的"反恐战争"十分困难。布什政府于2001年以后的尝试最终未能将"基地组织"（アルカイダ）的势力从阿富汗清除。虽说奥巴马政府已取代布什政府，但也不能保证此事立即实现。而且，美国现在意识到自己在伊拉克战争中的失败，因此笔者认为短时间内其不会再对任何地方进行直接的军事介入。

然而，就关于安全保障问题的世界各国所拥有的资源（resource）来看，美国拥有的资源依旧具有压倒性的优势。例如，对2006年世界军费开支的调查显示，美国一国的军费开支就占全世界总额的41%（IISS, *The Military Balance*, 2008）。

根据第二章介绍的安格斯·麦迪森（Angus Maddison, 1926~2010）的数据，2003年美国的国内生产总值占全球份额的20.7%，也就是说，美国拥有其经济份额两倍左右的军事力量份额。

《军事平衡》（*The Military Balance*）一书对中国的军事力量做了较大的补充修正，虽然其计算的比例比中国公布的数据稍高，但依然只占全球总额的10%左右，也就是说，中国的军费支出只占美国军费支出的1/4。这样看来,一旦需要展现军事实力,美国与其他国家相比仍然具有压倒性的优势。

除此之外,从与安全保障相关的基础来看,虽然每年军费支出的变化(フロー)可能导致一些误解,但就军事作战的实际情况来看,美国过去的积累可见一斑。事实上,第二次世界大战之后,再没有哪个国家像美国一样在军事和安全保障问题上积累了如此丰富的经验。其结果就是,世界上没有哪个国家的军队能够在有关运用何种兵器和组织、如何运用及可能造成怎样的结果的知识和操作方面与美国军队相匹敌。从这个意义上讲,世界上也没有任何一个国家的安全保障能力能够与美国相提并论。

修订后的美国安全保障政策

不过,就算如此,对于美国以非常愚蠢的方式花掉了高额军费的指责也是理所当然的。可以说,美国虽然拥有那么强大的军事实力,却在伊拉克发动不必要的战争,白白地浪费钱财,而且这不能说和金融危机一点儿关系都没有。

然而,即便如此,放眼全世界,也基本没有其他能够拥有与美国同等的实力而又能够践行更好的安全保障政策的国家了。

从个别的安全保障政策来看,其实布什政府最后两年的安保政策已经比前六年有相当大的改善了。在2006年的中期选举中，共和党败北，作为形式上布什所在共和党的对伊拉克政策负责人，拉姆斯菲尔德（Donald Henry Rumsfeld）被辞，罗伯特·盖茨（Robert Gates）接任国防部部长。可以说，在此之后，美国的安全保障政策得到相对稳定的推进。

针对伊拉克问题，盖茨部长和彼得雷乌斯（David Howell Petraeus）司令改变了作战计划，从以前投入较少的兵力、以军事实力为中心、试图平定伊拉克的作战方针，向增派军队，但不正面展示军事实力的安定方针转变。这也就是2006年以后政策实施以来，美军在伊拉克的伤亡人数急剧下降、伊拉克自身的形势虽未明朗但逐渐看得到出路的原因所在。

2008~2009年，与阿富汗的困难相比，伊拉克给人的印象是，它似乎是一个简单得多的地方。事实上，伊拉克问题并不简单，反而十分困难，但美国正是在这样困难的局面中屡屡向世人展示了一定的成果。

解决地球问题的知识基础

进一步说，就指导世界政治的知识基础，即陈述能力来说，美国也处于相当强大的地位。在面对气候变化、新型流感、大灾害及其他各类地球问题时，除了美国之外，其他国家都不具备解决此类问题的最坚实的知识基础。

以什么作为知识基础的测量标准是一个很难的问题，不过就从美国诺贝尔奖得奖者占绝对多数，以及他们在美国的活跃程度来看，还有必要解释美国在知识基础方面与其他国家相比有绝对优势的原因吗？在这里，本书只需举出两个具体的指标来说明这一问题。

第一，与科学技术相关的研究经费（见图4-1）。

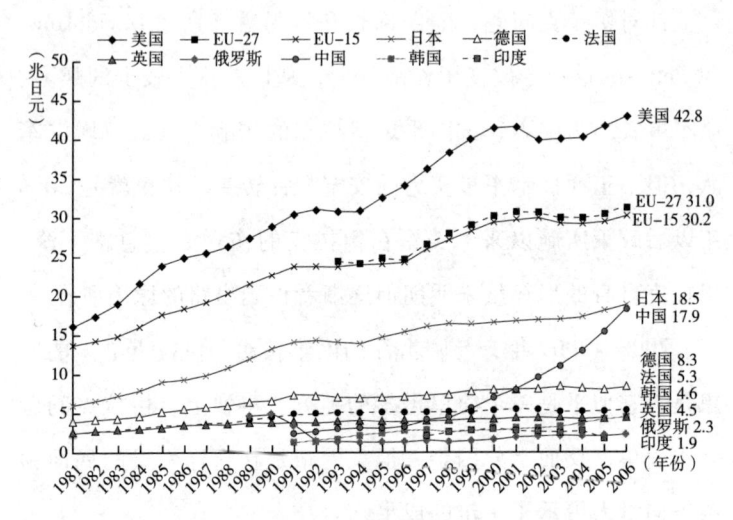

图4-1 主要国家研究经费的变化（以购买力平价换算）

说明：①为了进行国际比较，除韩国以外，其他各国都包含人文、社会科学在内。

②日本1996年度和2001年度的调查对象中加入了产业经费。

③美国2005年以后的数值为暂定值。法国2006年以后的数值为暂定值。德国2006年以后的数值为暂定值。欧盟（EU）的数据来自经济合作与发展组织（OECD）的估计。

④本币的兑换以OECD的购买力平价为准（2007年度的数值为估算值）。不过，因为印度没有OECD的购买力平价，故而使用世界银行的购买力平价。

⑤印度1999年度、2000年度、2004年度和2005年度的数值是印度政府的预计值。另外，印度2005年度的研究经费比2004年度有所下降是因为世界银行2005年对购买力平价进行了修正（2007年12月公布）。

⑥EU-15 是指欧盟 15 国：比利时、德国、法国、意大利、卢森堡、荷兰、丹麦、爱尔兰、英国、希腊、葡萄牙、西班牙、奥地利、芬兰、瑞典。

⑦EU-27 是指在 EU-15 的基础上加上 12 个国家：塞浦路斯、捷克、爱沙尼亚、匈牙利、拉脱维亚、立陶宛、马耳他、波兰、斯洛伐克、斯洛文尼亚、保加利亚、罗马尼亚。

参考资料：日本総務省統計局「科学技術研究調査報告」。

米国、ドイツ、フランス、イギリス、韓国、中国、ロシア：OECD「Main Science and Techonology Indicators」。

EU：Eurostat（欧洲委員会統計局、以下略）ウエブサイトのデータベース、OECD「Main Science and Techonology Indicators」。

インド：UNESCO Institute for Statistics S&T database、世界銀行「World Development Indicators CD-ROM-2007」。

资料来源：《平成 20 年版科学技術白書》。

《平成 20 年（2008 年）版科学技术白皮书》显示："概观以购买力平价换算的各国研究经费的大概规模及其趋势，美国以 42.8 兆日元相对其他国家形成绝对优势，其次分别是 EU-27 的 31.0 兆日元（EU-15 是 30.2 兆日元）、我国（日本）的 18.5 兆日元、中国的 17.9 兆日元、德国的 8.3 兆日元，法国和韩国基本位于同等水平。"[1]

第二，最近公布的世界上各种大学的排行榜也很有意思。从这类排行榜可见，排在前几位的几乎都是美国的大学，例如，从 THE/QS2008 年度的排行榜来看（见表 4-1），前 20 名中有 13 个学校是美国的大学。

---

[1] http://www.mext.go.jp/b_menu/hakusho/html/hpaa200801/0806518/015.htm#a002.

表 4-1　THE/QS 的世界大学排行榜（2008 年度）

排　名	国　家	大　学
1	美　国	哈佛大学
2	美　国	耶鲁大学
3	英　国	剑桥大学
4	英　国	牛津大学
5	美　国	加州理工学院
6	英　国	帝国理工学院
7	英　国	伦敦大学学院
8	美　国	芝加哥大学
9	美　国	麻省理工学院
10	美　国	哥伦比亚大学
11	美　国	宾夕法尼亚大学
12	美　国	普林斯顿大学
13	美　国	杜克大学
14	美　国	约翰·霍普金斯大学
15	美　国	康奈尔大学
16	澳大利亚	澳大利亚国立大学
17	美　国	斯坦福大学
18	美　国	密歇根大学
19	日　本	东京大学
20	加拿大	麦吉尔大学

资料来源：THE（Times Higher Education），http://www.topuniversities.com/university_rankings/2008/ouverall_rankings/top_100_universities/。

根据上海交通大学 2008 年的排行榜，前 20 所中竟然有 17 所是美国的大学。THE/QS 的排名中除了美国大学之外还有 4 所英国大学，澳大利亚、日本（东京大学排在第 19

位)、加拿大各 1 所；而在上海交通大学的排名中，除了美国的大学之外，只有英国的 2 所、日本的 1 所（东京大学排在第 19 位）。

为了解决世界课题，虽然各国都在知识方面进行了各种各样的努力，但最终看来，美国的知识活动是其中最为有力的这一点仍然未曾改变。

第二节　使用资源的能力

当然，这种基础在前总统布什时代就已经存在，能否充分利用这种力量关系着能否实际指导世界。那么，究竟奥巴马政权能否充分利用美国拥有的这种基础呢？这是本书接下来要讨论的主题。

在写作本书的时候，奥巴马刚刚上任，从其就任后短短的时间和他在竞选时的发言，以及成功竞选后对内阁成员和高官等人事安排的模式来看，美国继续在世界上扮演重要角色的准备已经完成。

下面，本书将关于奥巴马政权今后是否仍然能够充分利用自身拥有的资源这一点列举五个理由。

总统制的优势

奥巴马政权能够在世界上发挥指导作用的第一个理由

是，美国实行总统制，总统最少可以保证四年的执政时间。换言之，即使推行的政策在一段时间内获评较差，或者国民们认为事态难以得到改善，至少在四年内总统不会下台。而且，假如最初两年连续失败了，但从第三年以后获得一定成功，那么总统也有再次当选的可能性。

前布什政权在伊拉克战争开始时进展不顺，但依然在2004年的选举中再次成功当选。再前面的克林顿总统也是，从老布什政权接任时经济状况不好，就任后两年左右终于有所改善，他也因此再次当选。总统制比起日本的议会内阁制更能让执政者多花点儿时间去解决难题。

民主党占上议院、下议院议席的多数——议会支持总统的政策

第二个理由是，在与2008年总统选举同时举行的议会选举中，奥巴马总统所在政党——民主党在上议院和下议院中都获得了过半的议席数，因此，议会支持总统推行政策的可能性较大。

因为美国的总统与议会是相互独立的，所以，即使是总统的期望也不可能都变为法律。例如，预算是由议会负责制定的，即使总统认为"这样的预算案很好"，议会也有可能制定出不遂其心愿的预算来。

再进一步说，美国的议会不像日本和英国的议会那样受

到党派的强烈约束，即使是执政党的议员，也不一定就支持总统支持的法案。不过，总而言之，对奥巴马总统来说，民主党占多数的议会肯定比共和党占多数的议会要有利得多。

奥巴马的贤明——控制国民期待的能力

奥巴马政权能够在世界上发挥相应指导作用的第三个理由是，从奥巴马在总统选举前和选举后的发言来看，他能够较好地掌握和控制国民的期待。

反过来说，他在总统大选中并没有为了提高支持率而轻易做出许诺。在经济困难、今后可能会有经济大萧条出现的情况下，他并没有向公众做出一旦自己成为总统后经济马上就能恢复、失业率马上就能有所下降等不现实的承诺。在奥巴马从总统大选中胜出、成为领导人后，我们反观他的这种做法，不得不说其是十分明智的。

正如人们常说的那样，奥巴马非常尊敬前总统林肯，而且不仅是林肯，他还学习过富兰克林·罗斯福（Franklin D. Roosevelt）和哈里·杜鲁门（Harry S. Truman）等过去伟大总统的事迹和经验。看得出，奥巴马一直热心研究在国之危难时期作为领导人应该怎么做。

今天我要说，我们的确面临着很多严峻的挑战，而且在短期内不大可能轻易解决。但是我们要相信，我们一定会度过难关。

……

这旅途之中从未有过捷径或者妥协；这旅途也不适合胆怯之人，或者爱安逸胜过爱工作之人，或者单单追求名利之人。这条路是勇于承担风险者之路，是实干家、创造者之路。这其中有一些人名留青史，但是更多的人却在默默无闻地工作着。

……

因为无论美国政府能做多少，必须做多少，美国国家的立国之本最终还是美国人的决心和信念。

……

我们现在需要的就是回归这些古老的价值观。我们需要一个新的负责任的时代，一个觉醒的时代，每个国人都应意识到我们对自己、对国家和世界负有责任，我们不应该不情愿地接受这些责任，而应该快乐地承担起这些责任。我们应该坚定这一认识，即没有什么比全身心投入一项艰巨的工作更能锻炼我们的性格，更能获得精神上的满足[①]。

《日本经济新闻》2009年1月24日早报

[①] 此段翻译参考了2009年奥巴马就职演讲稿的官方中译版本。——译者注

以上是奥巴马2009年1月20日的就职演讲，从这里可以看出其作为领导人要求美国国民做好思想准备的姿态。

他唯一轻易许诺的是在竞选早期不小心说出"一年半后从伊拉克撤兵"这样的话。尔后想来，这样的约定实在是太具体了。

不过，幸运的是，竞选最后阶段的争论点已经并非伊拉克战争了。"一年半后撤军"这一承诺并未关系到重要的争论点。而且，正如前述，伊拉克的情况在前布什政权的最后两年已经相对好转，实际上，不管一年半后能否撤军，大家已经渐渐明白在可预计的将来大量美国士兵将从伊拉克撤退。

就这样，奥巴马有效地控制了国民的期待，成功扮演了一副"在困难中与国民共渡难关的伟大的总统"的姿态。

"专家内阁"——说服世界，解决问题

第四个理由是，奥巴马任命针对各种各样的问题拥有专业知识的专业人士担任内阁成员，这让奥巴马政府在考虑今后世界形势方面得到很高的评价。美国的政权交替通常伴随着3000人甚至5000人的政府高官的变动，即使单从内阁的人事安排来看还不能立即做出判断，但就目前奥巴马政府的内阁人事安排来看，其确实明确展现出说服世界、解决问题的姿态。

《读卖新闻》（网络版，2008年12月20日）刊载了题为《整个内阁被称为"奥巴马大学"具备经验和专业性的"实务派布阵"》的报道："根据本报调查，被指定的15人全部都有担任公职的经验，而且对于自身担任的职务具备深厚的知识，其中13人拥有硕士以上学位。整个内阁被称为'奥巴马大学'。"

　　就个别来看，具备极高专业性的人才也很多。尤其是与地球环境问题相关的能源部部长朱棣文（Steven Chu）乃是诺贝尔物理学奖获奖者。环境问题、气候变化项目负责人布朗内（Carol M. Browner）曾是阿尔·戈尔（Albert Arnold Al Gore）任参议院议员时的下属，曾在克林顿政府时期担任过八年的环境保护局局长。

　　财政部部长蒂莫西·盖特纳（Timothy Geithne）曾是纽约联邦储备银行行长，经济委员会主席是前财政部部长劳伦斯·萨默斯（Lawrence Henry Larry Summers）。奥巴马在经济、金融领域任命的内阁成员也都是客观上看来一流的人才。

　　虽然希拉里·克林顿（Hillary Diane Rodham Clinton）是不是最适合的国务卿人选尚存疑问，但其国务院阵容不可谓不强大：副国务卿詹姆斯·斯坦伯格（James Steinberg）、负责东亚和太平洋事务的助理国务卿库尔特·坎贝尔（Kurt M. Campbell）等都是一流的人才。

安全保障方面，国防部部长罗伯特·盖茨（Robert Gates）留任，国家安全顾问詹姆斯·琼斯（James Jones）曾是 NATO 最高司令官。在以色列、巴勒斯坦问题上，奥巴马派遣曾成功开展斡旋工作的前参议院议员乔治·米切尔（George John Mitchell）为特使；在巴基斯坦、阿富汗等相关问题上，则任命曾处理过波斯尼亚问题的前常驻联合国代表理查德·霍布鲁克（Richard Charles Albert Holbrooke）。可以说，奥巴马任命的这些内阁成员和特使都是在理解和认识世界上各种各样问题方面十分优秀的人才。

当然，如此众多的贤能之士聚集在一起，难免会出现各自为政、互不团结的可能。然而，正如第三章所述，综合国力的基础中知识的重要性在增加。在总统自身被怀疑是否经验不足的情况下，还能够聚集在各自领域都是世界级专业人士的内阁成员，这可谓美国的强大之处。

从"单边主义"到"多边主义"

美国能够发挥指导作用的第五个基础因素是，奥巴马政府改变了布什政府的政策方向，而这种做法开始产生积极的效果。所谓政策方向的转变，简单说来，就是从"单边主义"（unilateralism）转变为"多边主义"（multilateralism）。

正如本书序章中提到的，布什政府的政策强烈倾向于"美国拥有压倒性的力量，因此一旦世界上产生了什么问题，只要考虑美国就可以了",这导致其同盟国之间也出现了不和谐的声音。

然而,奥巴马政府主张多边主义的对外政策,提倡尊重国际组织。从人事安排来看,前国家安全顾问苏珊·赖斯(Susan Elizabeth Rice)被任命为常驻联合国代表,而且这一人事安排被作为内阁级别的人事变动执行。布什政府的常驻联合国代表并非内阁成员级别的,这说明奥巴马政府可能比布什政府更为重视联合国,作为整体政策方针,协调与同盟国关系的多边主义能够成为美国发挥领导作用的有利因素。

本书序章中曾提到,布什政府的失败导致美国在全世界的影响力相对下降,世界朝着多极化方向发展。虽然有违常理,但可以这么说,在这种情况下,美国通过从布什政府到奥巴马政府的转变,反而增加了对世界施加影响力的机会,这难道不正是美国的"回归"吗?

美欧关系的改善

最后,就国际协调方面的美欧关系来看,布什政府时期美欧同盟之间产生了很大的嫌隙。因此,欧洲诸国也十分欢迎奥巴马政府的诞生。根据民意调查,欧洲诸国的国民远远比日本国民更欢迎奥巴马的上台。

其原因之一就是,在较多的政策议题方面,奥巴马政府的政策更接近现在欧洲诸国的政策大纲。虽然在气候变化问题上美国和欧洲很难达成一致，但是至少在气候变化的应对上，奥巴马政府比布什政府更接近欧洲的立场。

另外，在其他各种各样国际问题的交涉中，重视多边主义的奥巴马政府与欧洲更为接近。例如，关于伊朗核问题的态度，奥巴马政府持"与伊朗交涉"的立场，这与欧洲的立场极为接近。因此，即使欧洲和美国的直接关系没有出现过问题，他们对奥巴马政府的期待也更高。

第三节　奥巴马的陷阱

无法抵御保护主义和排外主义的风险

这样看来，奥巴马政府擅长利用美国的资源，但是其能否真正活用这种能力还是一个未知数。实际上，就刚才叙述的几点有利条件来说，奥巴马政府也可能无法完全活用，从而遭受挫折。

且不说这些有利条件，如果奥巴马政府不能阻止经济状况的恶化，那么会引起什么后果呢？实体经济不景气得不到有效改善的后果就是，奥巴马政府有可能无法抵御国内的保护主义，或者说某种排外主义。

虽然经济状况的恶化本身并不会导致要求总统辞职的舆论，但如果不景气继续深化，主张必须保护国内产业的势力就有可能在议会推出各种各样的立法法案。民主党向来拥有为了劳动者而在议会提起立法议案的传统。

原本民主党内对北美自由贸易协定（NAFTA）和与世界各国的自由贸易的动向就有不少批判的声音，如果奥巴马政府不能阻止经济状况的恶化，那么就有可能难以与议会中这种保守主义势力达成共识。

或者说，如果美国与中国之间的经济摩擦激化，重蹈20世纪30年代的覆辙，那么奥巴马政府别说发挥美国的领导能力了，反而有可能使得世界经济问题更加复杂。

有可能重蹈威尔逊、戈尔之覆辙

一旦与议会的步调不一致，即使总统和政府宣称"让我们寻求国际协调，实行多边主义"，在国内也有可能实现不了这样的承诺。这种情况在美国也不是一次两次了。就像第一次世界大战结束后，当时的美国总统托马斯·伍德罗·威尔逊（Thomas Woodrow Wilson）主张"让我们成立国际联盟吧"，但是参议院没有批准成立国际联盟的《凡尔赛和约》，因此，美国没能参加自己倡导的国际联盟。

相比而言，稍微近一点儿的事情是，克林顿政府时期，时任美国副总统戈尔（Albert Arnold Gore Jr.，一般称为阿尔·戈尔）为了《京都议定书》殚精竭虑，可以说，是戈尔副总统的领导能力使得《京都议定书》得以达成。然而，美国议会并没有同意签订《京都议定书》，以致美国没有加入《京都议定书》的框架，且今后，凡是在涉及气候变动问题的场合，人们都不由得怀疑类似的情况会再次出现。

笔者认为，《京都议定书》之后的世界共识恐怕在2009年还无法达成，最早也要到2010年才能勉强达成。如果真是这样，虽然现在的美国议会中民主党还占多数，但假如这两年间经济状况不断恶化，民主党在2010年的中期选举中失败，那么民主党现在制定的这些框架就有可能得不到下一届议会的支持。

美国能够动用的资源在世界上依然具有压倒性优势，拥有关于世界性课题的各种问题的知识、经验的最高级人才都成为奥巴马政府的内阁成员。而且，这些人都是多边主义者。虽然具备这些有利条件，但长期的经济不景气导致美国的政策得不到国内的支持，这一届美国政府可能在无法解决世界性课题的情况下换届下台。

安全保障方面无法预料的危机

奥巴马政府可能陷入的危机中，有一个是长期的不景气导致总统和议会关系扭曲，以致有可能损害美国的领导力。除此之外，还有一个不得不讨论的是，在国际层面、安全保障层面不可预见的危机有可能影响美国的领导力。

安全保障层面不可预见的危机中，最大的危险就是像

"9·11"事件一样的大型恐怖事件有可能再次发生,"基地组织"的威胁依然存在。在美国如今极力"回归"国际社会的情况下,"基地组织"及与其有关联的恐怖主义也许会出于"不允许美国复活"的考虑而再次在美国国内或者世界上其他地方计划发动类似"9·11"事件那样的恐怖袭击,这绝对不是耸人听闻。

由此,产生了这样一个问题:当类似的恐怖袭击发生时,奥巴马政府能否妥善应对?事后想来,"9·11"事件之后,布什政府的应对措施中有不妥的地方。实际上,"9·11"事件以后,布什政府宣称"打倒塔利班",从而攻打阿富汗;宣称"打倒萨达姆·侯赛因",从而发起军事行动。然而,这些都很难说是全面的、合适的措施。

那么,究竟奥巴马政府在面对这样的恐怖主义时能否做出适当的应对呢?时值美国国内经济长期不景气,如果再受到恐怖袭击,奥巴马政府在这个时间点上恐怕很难采取合适的应对。

从目前为止奥巴马总统的言行来看,即使美国受到恐怖袭击,立即向恐怖主义发动全面军事行动的可能性不大。然而,正如"9·11"事件时那样,异常的危机状况下要做出正确的判断是很困难的。

只采取对话路线就够了吗？

　　加上对恐怖主义的应对，正如第一章所说的，在世界经济不景气的影响之下，某些国家有可能做出有问题的举动，那么，针对这样的国家的行动，奥巴马政府又能否做出正确的应对呢？奥巴马政府原则上是采取国际协商和对话的路线的，但在国际形势恶化、某些国家发起异常行动的时候，美国真的只采取对话路线就够了吗？

　　虽然过度依赖20世纪30年代的情况做类推是不恰当的，但是不得不说当日本发动九一八事变[①]时，美国除了表示不承认以外，没有采取任何应对措施。2008年夏，俄罗斯承认南奥塞梯（South Ossetia）和阿布哈兹（Abkhazia）从格鲁吉亚独立，当时布什政府没有承认其独立，世界上其他国家也大都没有承认，正如当年日本在九一八事变后建立了伪满洲国，大多数国家都不承认伪满洲国一样。或许对于南奥塞梯和阿布哈兹的不承认政策是恰当的，但是，对于九一八事变，美国的绥靖政策在某种程度上助长了日本军部之后的侵略气焰。

　　用现在的话来说，20世纪30年代的罗斯福（Franklin D. Roosevelt）政府采取的是"孤立主义"政策。当时的美

　　[①] 日本称九一八事变为满洲事变。——译者注

国对于欧洲的各种事务都采取"不介入"的态度,而这种"不介入"的态度有可能导致希特勒的势力增长没有得到有效遏制。

在这种情况下,如果第一章中所述的事态恶化,现在的奥巴马政府所采取的国际协调的态度,以及不将军事行动摆上台面的做法,是否能够顺利应对这些问题呢?

虽然我们得出了对希特勒的绥靖政策导致了德国的暴乱(慕尼黑的教训)的结论,但事实上,当个别事件发生时要准确判断是绥靖政策好还是强硬政策好,是很困难的。或许如果对方不是希特勒,绥靖政策也没有什么不好。我们之所以明白绥靖政策不好,或许是因为对方是希特勒而已。如果对方不是希特勒,如果当时美国没有采取绥靖政策,而是采取了制裁措施,反而有可能树立不必要的敌人。所以说,这种判断是非常难以做出的。

总之,在现在的国际形势下,奥巴马政府总体上处于良好的状态,有可能发挥巨大的影响力。虽然这么说有些矛盾,但是美国通过放弃单边主义而重拾了世界影响力。美国回来了!然而,有可能让奥巴马的领导力陷入困境的陷阱有三个,即国内的保护主义、恐怖主义,以及奥巴马政府能否正确应对其他国家的危机。

第五章

成长与危机中的亚洲

第一节 冷战 20 年后的亚洲

东亚繁荣与整体安定：印度的发展与南亚其他地区的持续混乱

虽然今后对世界来说美国的角色是决定性的，但是现在无视亚洲就不可能探讨今后的世界体系。第二章探讨了中国和印度的再次登场，这两个大国的成长与亚洲的变化确实密不可分。本章将在探讨当下世界体系的基础上，尝试讨论同时期亚洲发生了哪些变化。

首先，总结一下从冷战结束前后至今的 20 年间，亚洲都有哪些变化。

第一，亚洲，尤其是东亚地区实现了经济增长，迎来了史上少有的繁荣。政治上，虽然有朝鲜这个例外，但总体上可以说是一个稳定的时代。

第二，与东亚相比，从南亚到中亚地区，除了印度的经济增长显著以外，其他地区，尤其是阿富汗和巴基斯坦，都处在极度动荡的境况中。笔者用《新"中世"》(『新しい「中世」』) 一书中的词语来形容阿富汗的话，那就是"混沌圈"，即难以维持的国家。

东亚的繁荣与总体安定，以及印度的发展和南亚其他地区的持续混乱，这就是这一时期亚洲的大体情况。以下让我们依次来分析一下。

东亚的和平

关于东亚，从1989年冷战终结后的情况来看，其第一特征就是，虽然很多地方持续存在一定程度的危机，但国家之间几乎没有发生战争。如前所述，自1979年越南战争至今的约30年间，东亚地区国家之间没有发生过战争。这可以说是东亚地区历史上十分重要的成果。

自从清朝繁荣时代结束以来，东亚被卷入近代世界体系以后，也就是自1840年鸦片战争以后，东亚地区30年间都没有发生国家之间战争的时期基本不存在。换言之，过去30年是近代以来东亚地区实属少见的和平时代。

尤其是冷战后，1991年由于巴黎共识①，柬埔寨内战结束，此后东亚地区再无大规模内战，整体处于和平状态。

在这种整体和平倾向的基础上，东亚各国的政治关系也在逐渐改善。冷战最激烈的时候，中国与韩国断绝邦交，中苏对立急剧激化导致越南战争，中国与越南也处于几乎没有邦交的状态，当然中苏关系也处于异常状态。

再往前追溯，中国与东南亚国家之间也几乎没有建立正常的外交关系。1965年印度尼西亚爆发九·三○事件，苏加诺（Bung Sukarno）政府因此垮台。

印度尼西亚与中国恢复外交关系是在1990年，在此之前，新加坡与中国也没有建立外交关系。

"东亚的奇迹"和民主化进展

就这样，这20年间东亚地区的政治关系逐渐改善。这种和平局面和政治关系的改善成为几乎同一时期东亚经济增长的支撑。

从冷战时期开始，韩国、中国台湾和中国香港，以及新加坡的经济率先发展，紧接其后的是东南亚的泰国、马来西亚，然后到20世纪90年代中国内地驶上了经济发展的快车道。20世纪90年代前期，世界银行曾用"东亚的奇迹"来

---

① 指1991年在巴黎签订的《柬埔寨和平协定》。——译者注

描述这一过程。

东亚经济发展的时期也是这一地区政治自由空间不断扩展的时期。准确地说，从20世纪80年代中期开始，菲律宾进入了民主化进程，阿基诺（Aquino）政府上台。韩国也迎来了全斗焕政府的终结，步入民主化进程。同一时期，中国台湾也开始民主化。

就这样，再加上制度上逐渐实现自由主义的民主主义国家，其他一些国家也出现了自由的空间，人们不断扩展自由的领域。

可以说，和平、经济增长和民主化是东亚地区过去20年来的特征。

第二节　东亚的危机

朝核危机

当然，虽然本书如此评价东亚地区的特征，但这并不代表东亚是个完全没有问题的地区。各种各样的危机也存在于这一地区。

在安全保障方面最令人担忧的就是朝核问题。朝鲜1985年加入《不扩散核武器条约》（NPT），但其后并没有按照要求接受国际原子能机构（IAEA）的审查。

其结果就是，1990年前后国际社会对于朝鲜是否秘密进行了核武器开发的疑虑加重。为了消除这种担忧，国际社会不断向朝鲜施加"接受国际原子能机构的审查"的舆论压力。刚好这一情况发生在冷战终结时期，可以想象当时朝鲜饱尝政治孤立的痛苦滋味。

冷战时期，与韩国对峙的朝鲜为了对抗韩国及其同盟国美国的军事实力，以苏联和中国为后盾。然而，冷战结束后，苏联首先在解体前的1990年与韩国实现邦交正常化。其次，可以说朝鲜的最大依靠——中国，也于1992年与韩国实现邦交正常化。此后，朝鲜对于相关交涉的态度变得十分顽固。

在这种情况下，美国要求朝鲜"接受国际原子能机构审查"的态度更加强硬，国际社会也向其施加更大的压力，导致朝鲜宣布"退出NPT"（1992年3月）。虽然其后朝鲜又表示对退出持"保留态度"（1992年6月），并让国际原子能机构的审查官入境，但后来又将其赶出了朝鲜。

1994年春，朝鲜宣布替换高温气体冷却反应堆（gas-cooled reactor）堆芯的核燃料，真正开始拔出堆芯。如果对被取出的核燃料进行处理，就有可能提取出钚（plutonium），因此，国际社会对朝鲜是否以此来制造原子弹的担忧加深。

1994年春，美国进入备战状态，随时有可能向朝鲜使用武力。当时，时任美国总统卡特访问朝鲜，与时任朝鲜国家主席金日成进行会晤，双方就朝鲜停止核武器开发达成协议，危机才没有爆发。

其结果是，日内瓦框架共识达成，在此基础上，朝鲜接受核武器审查，作为交换条件，美国和韩国为其提供更不容易用于制造核武器的轻水炉。然而，令人遗憾的是，这种轻水炉正在建设的过程中，朝鲜就于1998年进行了向日本海发射弹道导弹（テポドン）的试验，让周边各国甚为担忧。尤其对于日本来说，一旦朝鲜拥有能够将日本全国纳入射程的导弹，这对日本的打击是十分巨大的。

六方会谈

2002年9月，日本时任首相小泉访问朝鲜，与朝鲜时任总书记金正日会晤，旨在解决绑架问题，但根据美国事后获得的情报来看，朝鲜有可能计划通过铀（uranium）浓缩计划，再次着手制造核武器。美国与其交涉的结果是，朝鲜的态度逐渐强硬，将国际原子能机构的审查官赶出了朝鲜。

在交涉无法进行的情况下，朝鲜不断推进核武器的开发进程。作为阻止这种情况继续恶化的框架，六方会谈（六方是指朝鲜、韩国、美国、日本、俄罗斯和中国）的机制建立起来。六方会谈时而有些进展，时而又停滞不前，就在停滞的时候，朝鲜在2006年10月进行了核试验。

此后，交涉继续进行，终于达成"无核化"（核の無能力化）的共识，但是这种无核化究竟可以在何种程度上得到检验？这是一个尚有悬念的问题，因而现在会谈陷入胶着状态。

对于日本来说，邻国朝鲜拥有核武器的状况继续存在，这也就意味着重大问题始终未得到解决。不过，由于六方会谈的框架存在，加上《日美安保条约》，就目前来讲，朝鲜是不可能马上使用核武器来攻击某个国家的。因此，这一地区并非处于不知什么时候就会爆发战争的状况。

然而，正如下文将要提到的那样，现在的状况并不能让人安心。日本必须要确定对日本来说什么是安全保障方面最大的威胁。

东亚金融危机及其在政治上的终结——印度尼西亚民主化

虽然还有其他政治上的危机，但亚洲近年来的最大危机并不在政治层面，而在于经济层面，即1997年爆发的亚洲金融危机。

亚洲金融危机本身是由于1997年7月泰国货币——泰铢（baht）的暴跌引起的，但其背景是，持续实现经济增长的东南亚各国的经济结构有问题，即经济是由巨额短期资金的流入支撑的。

在这种情况下，经济的前景令人担忧，短期资金的撤出

143

成为导火索，泰国率先陷入经济的恶性循环，这种影响迅速蔓延至东南亚各国乃至韩国。

亚洲金融危机发生后，根据当时有些欧美国家的分析，这是"亚洲特有的腐败的资本主义"文化造成的。然而，在经历了随之而来的IT泡沫破灭，乃至此次世界金融危机的发生之后，我们回过头再来分析，可以说，亚洲金融危机就是此次世界金融危机的先兆。

另外，现在看来，当初世界货币基金组织（IMF）开出的处方，即要求各国采取超级紧缩财政政策的应对措施，并没有找对危机的本质，是一种错误的做法。就连亚洲金融危机的后果，如印度尼西亚苏加诺政府的倒台导致印度尼西亚民主化的发展，也只能说是金融危机导致的不幸中的万幸。

第三节 南亚：印度的复活和阿富汗、巴基斯坦

冷战的战场——阿富汗

把目光从东亚移到南亚，事态就不是那么乐观了。

首先是阿富汗。自从冷战的高潮——1979年苏联出兵侵占阿富汗以来，阿富汗就成为冷战的重要战场。为了把苏联军队赶出阿富汗，美国通过巴基斯坦给阿富汗的反苏势力运

送援助物资。当时，伊斯兰教的势力也支持反苏，提供武器和弹药等。

然而，在冷战末期的 1989 年，苏联从阿富汗撤军，美国乃至国际社会都对在阿富汗发生的事情失去了兴趣。苏联不在了，阿富汗也就不再是纷争的焦点，国际社会尤其是美国就没有必要再照顾阿富汗了。

其结果就是，阿富汗成为军阀对立、纷争、不断进行内战的战场。冷战结束后，阿富汗这个冷战的战场就作为一个混沌地带被置之不理了。

内战中，主要以在巴基斯坦接受教育的伊斯兰教神学生为中心的人们开始在阿富汗拓展自己的势力范围。他们被称为"塔利班"。"塔利班"于 1995 年开始扩展势力，到 20 世纪 90 年代末，他们的军阀势力已经到达阿富汗北部地区，在阿富汗广阔的区域确立了支配权。

阿富汗作为一个国家，依然是非常脆弱的，其国内由穆斯林势力所支配的领域在不断扩大。在这一领域中，奥萨马·本·拉登（Osama bin Mohammed bin Awad bin Laden）领导的"基地组织"在阿富汗建立了大本营，这就是 20 世纪 90 年代南亚的动向。

混乱的亚洲

其邻国巴基斯坦，与阿富汗接壤的沿线部族地区，自英国殖民时代开始,就是中央政权的影响力难以企及的地区。

巴基斯坦在20世纪90年代后半期与印度的关系恶化,开始进行核试验,其后发生军事政变,成立了穆沙拉夫(Pervez Musharraf)军事政府。穆沙拉夫军事政府本向着安定化的方向发展,然而2007年11月又发表了异常的言论,导致国内状况恶化,直至2008年8月穆沙拉夫政府下台以后,巴基斯坦的状况也没有向安定化发展。

既属于南亚又属于东南亚的国家缅甸,与邻国泰国相比,完全是个被经济增长遗忘了的地方。20世纪80年代末,缅甸发生了民主化运动,举行了选举,但是在选举中明显获胜的昂山素季(Aung San Suu Kyi)等人的势力被军政府打倒,其后一直处于军政府的统治之下。因此,国外的援助也没有增长,与外国的贸易也难以发展起来。

就连印度洋上的岛国斯里兰卡,在20世纪80年代以后,也一直处于泰米尔人与僧伽罗人的内战之中。

印度的繁荣

在这样的背景下,南亚第一大国印度在过去的20年间发生了翻天覆地的变化。印度在冷战期间保持中立,既不偏向美国,也不靠近苏联。

在经济政策方面,印度没有采取自由主义路线,而是向着政府管制较为严格(比较的官僚规制的强い)、类似社会主义的方向前进。因此，对于经济增长的疲软状态，印度政府一直没有很好的应对政策。

然而，20世纪90年代初，印度前总理曼莫汉·辛格（Manmohan Singh）在担任中央银行行长时采取了自由化路线，此后印度渐渐从国际经济中汲取力量。20世纪90年代，这一成果尚不明显，但一过了2000年，印度经济增长的引擎终于发动了。

印度的经济增长率开始攀高，2004年以来，年均实际GDP增长率接近10%，实现了经济的快速发展；与各地区之间的贸易额也增长很快，年均增长率达到20%~30%。

从产业方面来看，在全世界IT行业发展的大背景下，印度人中有不少与IT相关的技术人员走向世界，例如，班加罗尔逐渐成为为全世界提供服务的IT产业基地。

就这样，亚洲整体上呈现出东亚及南亚印度繁荣，南亚、中亚的其他国家处于停滞与混乱的状况。在此之前，东亚与南亚几乎是毫无接触的相互隔离的地区，印度戏剧性的经济增长让东亚和南亚出现联合的倾向。

亚洲的地区性组织——东亚峰会

以东亚为中心，经历了繁荣与亚洲金融危机等共同的课题之后，以前未曾有过的建立地区性组织的动向开始出现，这也是冷战20年来的一大特征。

在亚洲，像欧洲那样的国际地区组织只有东南亚国家联盟（简称"东盟"）一个，但从20世纪90年代至21世纪初，十分重要的组织开始出现。

1989年，亚太经济合作组织（简称"亚太经合组织"）成立，1994年东盟地区论坛成立，1997年东盟"10+3"成立。所谓东盟"10+3"，是指东盟与日本、中国、韩国的首脑会议。东亚的合作以此为中心推进，终于从2005年开始召开东亚峰会。

东亚峰会的成员除了东盟"10+3"以外，还有澳大利亚、新西兰和印度。虽然名称叫作"东亚峰会"，但澳大利亚、新西兰和印度的加入使得人们用地理概念来理解这一名称会有违和感。

不过，2005年印度加入东亚峰会，这也从一定程度上印证了前文所述的东亚全面繁荣、南亚印度的繁荣，以及除此之外其他地区的混乱等事实。换言之，或许这样来理解东亚峰会是恰当的，即东亚峰会将亚洲地区繁荣安定的势力都纳入自己的框架内。

当然也有例外存在，例如，缅甸是东盟成员，但缅甸难以称得上是代表繁荣的国家。不过，闭上眼睛思考一下就会明白，所谓东亚峰会，就是把亚洲地区内所有繁荣的或正在成长的势力团结起来的组织和框架。

第四节　危机后的亚洲

金融危机的影响如何显现

亚洲今后的课题是，第一章中思考的金融危机及其引起的世界经济不景气，将对亚洲尤其是经济发展中的地区有何影响。从长远来看，目前为止亚洲的成长轨迹还算乐观，但究竟是否可以百分之百地乐观看待这一问题，还存有很大疑问。

对于这一问题，本书已在第一章中有所论述，此处不再赘述。

虽然在金融危机刚刚过去的这一阶段还不会有太大的问题，但当（中国和印度的）实体经济受到巨大影响、出口呈螺旋式下降、国内经济增长放缓时，亚洲各国将会变成什么样呢？

这一地区内有很多国家和地区的民主主义历史较短，如韩国、中国台湾、菲律宾、泰国、印度尼西亚等，它们在民主主义方面的经验尚浅。这类国家和地区在面对长期的经济不景气时会出现什么问题，是很难预测的。就目前来看，即使经济状况恶化，也没有征兆表明韩国和中国台湾的民主主义体制会崩溃，因为它们都具有一定的民主主义的政治基础。

然而，考察泰国目前混乱的政治局面就可以发现，快速的经济发展导致经济结构的变形，很显然，这已成为泰国实现稳定的民主主义统治的一大障碍。

简单来说，泰国自20世纪80年代以来的工业化的结果是，曼谷周边的收入水平上升，但地方的经济没有太大发展，这种结构在不断地被强化。亚洲其他地方也存在这种城市与农村的差距，在面对这种矛盾时，实业家出身的政治家他信（Thaksin Shinawatra）提出"向农村分散"的政策。

这种田中角荣型的统治招致了曼谷中心精英阶层和原统治阶层，以及以杜绝腐败为目标的民主派的不满。然而，由于人口占多数的农村地区的有力支持，反对派在选举中无法推倒他信政府，最后发动军事政变推翻了他信政府。

然而，政变以后泰国再次举行选举，在选举中他信派势力再次获胜。对于获胜的他信派的领导人，曼谷中心的精英阶层和商人，以一种与合法和非法都只有一线之差的方式战胜了他们，发起了反抗运动。因为在普通的选举中他信派可能再次获胜，所以反对派采取了精英主义式的非民主主义的做法。

经济结构和政治结构的不协调，导致"民主派"诉诸非民主主义的方法，从而使得政局动荡，泰国陷入这样的恶性循环。

至于中国台湾地区，虽然不像泰国那样不稳定，但是国民党胜利以后，民进党表现出难以顺利确立路线的倾向，以致有可能出现表示反对的大众运动。虽然笔者认为台湾不会马上迎来政权更迭的危机，但如果经济的不景气长期持续下去，政治体制又如何能够保持顺利的运作呢？尤其是如何在不脱离民主主义的前提下开展政治活动？这是中国台湾地区面临的一个课题。

各个国家和地区的民主主义体制依然脆弱，这是亚洲的一大特征。不过，从亚洲整体对于世界体系的影响这一点来看，具有决定性重要地位的还是中国今后的走向。

中国能否在稳定中发展，在不挑战现有国际秩序的前提下，与国际社会相协调，不断克服危机，再次驶上繁荣的轨道呢？正可谓，亚洲最大的课题就是，中国能否在稳定地、与国际社会协调的前提下继续繁荣下去，在今后很长一段时间内实现软着陆（soft landing）。

因此可以说，本章的课题与第一章的课题是一模一样的。即使从整个世界来看，中国能否（与国际社会）协调都是一个重大的问题，更不必说从亚洲整体来看其重要性更大。

日本对外政策的最大课题是中国的软着陆

在对以上形势认识的基础上，日本对外政策课题的首要目标就是中国的软着陆。笔者认为，今后10年、20年甚至30年间，日本对外活动的一大目标都应该是，如何让中国实现稳定的、国际协调的、作为繁荣国家的软着陆。

当然，中国能否沿着这样的方向发展，对其最有影响力的还是中国人自身，日本和日本人能够做的太有限了。但是，如果中国不能实现软着陆，那么日本乃至世界所蒙受的损失将是无法想象的。笔者认为，不管怎么样，都必须让中国实现稳定的、国际协调的、繁荣的软着陆。

正如第二章中安格斯·麦迪森（Angus Maddison）进行的推算那样，想要阻止中国经济的复苏，不让中国成为拥有世界最大GDP份额和人口份额的经济大国，简直是痴人说梦。

如果日本为了让中国的经济增长放缓而一味地去想应该做些什么，反而有可能让日本自身的经济增长也逐渐减速。让中国的经济增长放缓，反而有可能促使其成为不稳定的国家。以封锁中国和妨碍中国的成长作为对外政策的目标是不可取的。

那么，要让中国实现稳定的、国际协调的、作为繁荣国家的软着陆，日本有必要做些什么呢？

第一，应该促使中国参加各种各样的国际组织，让其作为有能力的国家，担任具有一定责任的角色，参与世界政治和经济的运作。

虽然中国是联合国安理会的常任理事国之一，但是在重要的经济性国际组织中尚未担任重要的角色。正如前面提及的，在2008年的北海道洞爷湖峰会上，在G8（八国集团）会议的基础上，新兴五国（中国、印度、巴西、墨西哥和南非）的首脑参加了扩大会议，另外，印度尼西亚、韩国和澳大利亚的首脑也参加了G8外围会议。

如前所述，2008年10月，为了应对金融危机，G20（二十国集团）首脑会议在华盛顿召开。G20是在主要排放国中加入了阿根廷、沙特阿拉伯、土耳其和欧盟代表的会议。可以说，以G8为中心，逐渐形成了一个同心圆状的世界经济运作组织。

在这样的组织中，我们必须不断要求中国积极扮演自己的角色。G8基本上是民主主义国家的集团，在经济方面的实际讨论，可能会越来越倾向于在G8＋新兴五国或者G20的框架下进行。

关于东亚，在东盟"10＋3"和东亚首脑会议中，中国是强有力的成员，日本必须不断与中国相协调，展现出推进东亚地区合作的姿态。

除此之外，中日韩三国首脑会议本应是与东盟"10＋3"会议同时举行的，最后却于2008年12月在日本福冈单独召开。这是具有划时代意义的一件事。今后，必须活用中日韩三国首脑会议，在东亚地区合作和世界经济的运作方面，建立起包括中国在内的多边合作机制。

第二，为了让中国在国际组织中能够行动起来，日本应该对中美关系的改善抱有积极的态度。正如前文所述，台湾海峡问题在最坏的情况下有可能引发中美战争。虽然现在事态有所改善，演变成战争的可能性不大，但中美关系的不稳定始终有可能导致最坏的结果出现。

因此，尤其是在"9·11"事件以后，日本应该欢迎中美关系不断地协调发展。围绕朝鲜问题而召开的六方会谈就是一个象征着中美合作的框架。

然而，在假定经济不景气持续下去的情况下，中美之间想要保持良好的关系并不容易。美国的保护主义倾向加强，会激化中美贸易摩擦，有可能引起中国国内排外的民族主义。现在的奥巴马政府重视与中国的合作关系，那么日本作为美国有力的同盟国，也应该和美国一起，努力实现与中国之间的协调合作关系。

为了建立协调机制，中日美三国必须探索各种层次的合作方式。例如，通过中日美三国的环境部部长、能源部部长级别的会议，具体讨论全球变暖等问题；另外，在安全保障方面，中日美三国之间举行副部长级别的会议也许是行之有效的办法。未来，还应该把中日美三国首脑会议纳入考虑范围。

所谓的三国首脑会议，并非要让中日美三国的首脑就紧急的课题达成具体的共识；其最大的功能，是向中国国民展示中国与美国、日本的合作关系。这种方式可以向世人展示，中国并非站在打破现状的一边，而是与美国和日本一起作为负责任的大国维持现有的国际秩序。

第三，随着中日美三国关系的发展，中日两国之间也应该推进合作，尽量建立良好的关系。

虽然日本在2008年结束了为中国提供的政府开发援助，但为中国提供的政府开发援助与在中日之间搭建各种各样的合作关系对日本来说是非常有利的。日本有必要在知识产权保护等法制层面与中国合作，而且从中期来看，应该为今后经济合作协议的签订做好准备。另外，针对气候变化问题的应对方法，日本有必要促进与中国在节能、环保技术转移方面的合作。

"深度干预"

要搭建中日合作关系，尤其需要注意的就是，不要刺激中国的民族主义。

正如上文已经论述过的那样，在世界经济不景气的大背景下，我们必须注意的是，不要让中国等国家激进的民族主义愈演愈烈。在笔者展示出来的"近代圈"内，如果民族主义愈演愈烈，就有分裂的危险。因此，必须防止给这种民族主义火上浇油的事态发生。在中日关系之中，有可能成为导火索的就是，其一，对历史认识的问题，其二可能就是资源开发问题。

对历史的认识问题，自安倍政府上台以后，已经有逐渐淡出人们视线的趋势，我们必须保持这种趋势。关于对历史的认识问题，历史学家之间继续进行严肃的对话和争论是一件好事，但是必须避免把对历史的争论演变为政治争论。

尤其是关于从甲午中日战争到太平洋战争之间的这段历史，一旦孕育出事实误认和论理矛盾的议论，就会使中日关系恶化，还有可能导致日美关系的紧张化；也就是说，不仅会刺激中国的民族主义，而且会使日本在国际上的立场恶化。

关于在中国东海的油气田的共同开发等问题，如果处理不当，就有可能点燃中国的民族主义。2008年6月，中日之间达成了共同开发的原则性共识，从之前中国的态度来看，这可以说是中国对日本的让步。然而，之后关于共同开发的具体交涉几乎没有任何进展。

据推测，这块油气田的储藏量并不大，所以这件事情只在象征性的中日关系上具有很大意义。既然已经达成原则性共识，其后的具体方案也就没有必要操之过急了。

为了不刺激中国的民族主义，更加积极地促进中日关系的发展，日本必须采取比此前更胜一筹的"深度干预"。所谓"深度干预",就是指在人与人的关系层面上促进日本和中国的关系。

目前已有接近 10 万人次的中国留学生在日本学习,日本必须在接收更多中国留学生的基础上,向中国增派更多的日本留学生。增加高校学生层面的交流是十分必要的。

另外,日本应该采取措施,增加中国人来日观光旅游的机会,其对象不仅应该包括青年人,也应该包括老年人。现在,面向来日进行修学旅行的中国高校学生,日本采取免除签证的政策;笔者认为,是不是也可以考虑免除比如 60 岁以上的老年人来日本旅游的签证呢?在抗日战争中承受苦难的一代人中,还有很多人身体健康,想来日本旅游,日本政府有必要采取措施,让这些人能够尽量容易地、舒适地来日本旅游。

除此以外,从促进中日学术交流方面来看,笔者认为,是不是也应该让大学及研究机构的教师和研究员能够更加容易地取得签证呢?

为了让中国实现国际协调的、作为繁荣的大国的软着陆的第四个方针是,有效地维持作为此区域内国际政治稳定化机制的日美安全保障体制。

有效地维持日美安全保障体制的必要性中的第二点就是,能够提高预测国际关系的准确性。正是日美安全保障体制让世人觉得:"日本在大多数情况下会采取和美国一致的行动，而日本与美国的这种协调性对中国来说是有利的。"

如果日本与美国是相互对立的，中国在采取国际协调时，就可能陷入"与美国协调，还是与日本协调"的疑惑中，以及"是不是顺利切断美国和日本之间的联系后，中国就能获利"的思虑中。

日美的脚步不一致，不利于中国成为国际协调的一分子。而日美同盟作为日美步调一致的最重要的支柱，必须保证其稳定。

正如前面章节中所分析的那样，从奥巴马政府的特性来看，保持这种日美步调协调是比较容易的。奥巴马政府的特征不是单边主义，而是国际协调主义，尤其重视与同盟国的关系，倾向于通过不断与同盟国进行协调来改善事态。新的美国政府也应该非常容易地接受这一事实，即日美两国需要在中国问题上进行协调，而日美同盟就是其协调的前提。

朝鲜问题与日美安全保障

在思考今后的日本对外政策，尤其是安全保障政策时，特别需要注意的是朝鲜问题。如上所述，朝鲜继续以消极的态度对待基于2007年达成共识的"无核化"方案的具体实施，比起与布什政府之间达成共识，朝鲜似乎更愿意与奥巴马政府达成共识，这也许是朝鲜方面故意采取的拖延战略。

不过，奥巴马政府并不会比布什政府更容易向朝鲜妥协，但可以确定的是，美国政府不会用军事手段解决朝鲜问题。这样看来，朝鲜问题可能在很长一段时间内都难以得到解决。

难以实现无核化的原因在于，朝鲜在此前的核试验中获得的钚依然保存在朝鲜国内。无论其规模如何，这都意味着由于核试验的成功，朝鲜短时间内还会继续持有核武器。而且，朝鲜还拥有弹道导弹这样的运输核弹头的技术手段，这对日本来说是极大的威胁。

因此，从日本安全保障政策方面来看，以朝鲜拥有导弹和原子弹为前提的政策不得不长期持续下去。

日本不得不以朝鲜拥有原子弹为前提制定安全保障政策，具体来说，该怎么办呢？其中最大的课题就是，如何让朝鲜不使用原子弹。其中一个办法就是，建立弹道导弹防御体系，这样即使受到核攻击也有能力化解。

然而，弹道导弹防御体系也不是万无一失的，这就意味着，日本必须要采取各种各样的措施来进行反制。也就是说，在日本受到核攻击的时候，在日美安全保障体制的基础上，美国能够对朝鲜实施实际的报复。通常来说，这种反制被称为"核之伞"或"扩大反制"，不过，反制所需的军事能力当然不只是核武器。笔者认为，常规兵器反制能力的提高也是极为重要的。

即使在奥巴马政府时期，日本对于美国"扩大反制"能力的依赖程度仍然十分高。为了让"扩大反制"充分发挥作用，日本必须让朝鲜清清楚楚地看到，一旦朝鲜攻击了日本，美国一定会切实打击朝鲜，即所谓的"反制的确信性"。换言之，必须要让朝鲜意识到"日美同盟的相互信赖关系十分牢固"。

朝鲜问题及其相关问题有可能成为今后关注的焦点，这又关系到日本集体自卫权的行使问题。在目前宪法对日本政府的集体自卫权的解释下，日本不能击落除了朝着日本本土发射的弹道导弹以外的任何导弹。

日本现阶段的保护系统（Aegis System）尚没有击落向美国发射导弹的能力，但再过几年，日本将会拥有击落向日本本土以外的地界发射导弹的能力。

即使在使用美国拦截网络（傍受ネットワーク）有能力击落向美国发射的导弹的情况下，日本依然不能将其击落，或者事前就宣称不能将其击落，那么击落会造成什么后果？恐怕这不是技术上的不能击落，而是法律上的不能击落吧。

因为这一问题不是本书讨论的主题，在此不做深究。不过，《联合国宪章》规定的世界上每个国家都应该享有的集体自卫权，日本的内阁法制局却一直解释由于宪法的制约而无法行使，但看看宪法第九条，哪里又写着日本没有自卫权，不可行使集体自卫权呢？

从国际法来看，把弹道导弹防御等事例放在集体自卫权的框架下来考虑是最为合理的。日本政府应该尽快修改宪法解释，使集体自卫权的行使成为可能（关于宪法解释，笔者参加的"关于安全保障法律基础的再构建的恳谈会"曾发表报告彻底讨论了这一问题，感兴趣的读者可以参考该报告）。

第六章

结论　新的领导

新世界体系中的大国角色

在作为本书结论的这一章,笔者想要讨论一下,经历了现在的危机,以及在后危机时代的21世纪,日本应该扮演什么样的角色,以及要想扮演好这样的角色应该重视哪些方面。

从本书目前讨论的情况来看,此后20~30年日本将会面临十分困难的局面。

从短期来看,经济不景气有可能持续,在这种不景气的背景下,各国之间的"零和"(zero-sum)意识可能会增强,即可能会出现这样的想法:世界经济整体的蛋糕变小了,围绕怎么分蛋糕而展开的就是国际政治问题。正如第一章所述,一些国家有可能发起并不健全的社会运动。如果以20

世纪30年代的事例来看，我们必须十分留意这种可能性的产生。

然而，从长期的发展趋势来看，所谓后危机时代的世界体系，与其说如同过去两个世纪各国之间的差距在不断扩大，不如说是中国和印度等曾经落后大国的复兴过程。

就这个意义来说，中国和印度等复兴国家如果能够积极扮演国际协调的角色，那么世界整体就有可能战胜目前出现的短期金融危机和不景气，迎来一个更加公平、更有希望的世界。

从这个新世界中的国际政治格局来看，正如第四章所述，美国依然拥有非常大的能力。由此，我们可以确信，美国在奥巴马政府的领导下会继续在各种各样的局面中掌握领导权。

另外，虽然中国还有很多问题，但是，要解决今后的世界性课题，中国的协助是极其重要的因素。正如第五章讨论的，中国实现稳定的、国际协调的繁荣，不论是对日本来说还是对亚洲地区的稳定来说，都是非常重要的。

日本可积极参与国际秩序的制定

在这样的背景下，日本应该扮演什么样的角色？或者说日本能够做的有哪些？为了成功扮演这样的角色，发挥世界性的领导能力，日本国内必须有怎样的变化？这些问题都是不可不答的。

所谓"角色",通常给人一种被动的感觉,似乎是指按照某人的决定来行动;但是,在国际社会中的"角色",必须是自己规定的,在现实中很大程度上是"被决定下来的"。由此,日本自己必须考虑自己能够做些什么,什么是将来会对日本有用的,以及有必要在国际社会中扮演好的"角色"。

笔者认为,日本在国际秩序的制定上能够发挥积极的作用。第一个理由就是,日本目前为止在世界上的活动,获得了世界,至少是亚洲各国的好评。

笔者的《亚洲中的日本》(アジアのなかの日本,NTT出版)曾举过亚洲晴雨表调查的例子。所谓亚洲晴雨表调查,是指在整个亚洲地区进行的共同民意调查(见图6-1)。在这个调查中,有"日本对你们国家来说,有好的影响,还是坏的影响"的问题,很多亚洲国家的被调查者都回答"我认为日本有好的影响"。

这种对日本的好评,在今后日本及日本人在开展国际活动时,是十分有利的基础。当日本提议"这样做怎么样"的时候,人们认为"日本都这么提议了,那应该不错"的概率应该比较高。如第三章所述,日本的陈述问题的真实性普遍受到较高评价,让人们认为其承诺的可信度较高。

第二个理由是,当今的美国政府是奥巴马政府这一点是日本发挥国际作用的有利条件。因为奥巴马政府的整体方针是国际协调、多边主义合作，或者说重视同盟国间的合作，换言之，美国希望与日本这样的国家一起解决世界性问题。从整体的意愿来看，现在的美国和日本也会不断地提出各种国际协调的提案。

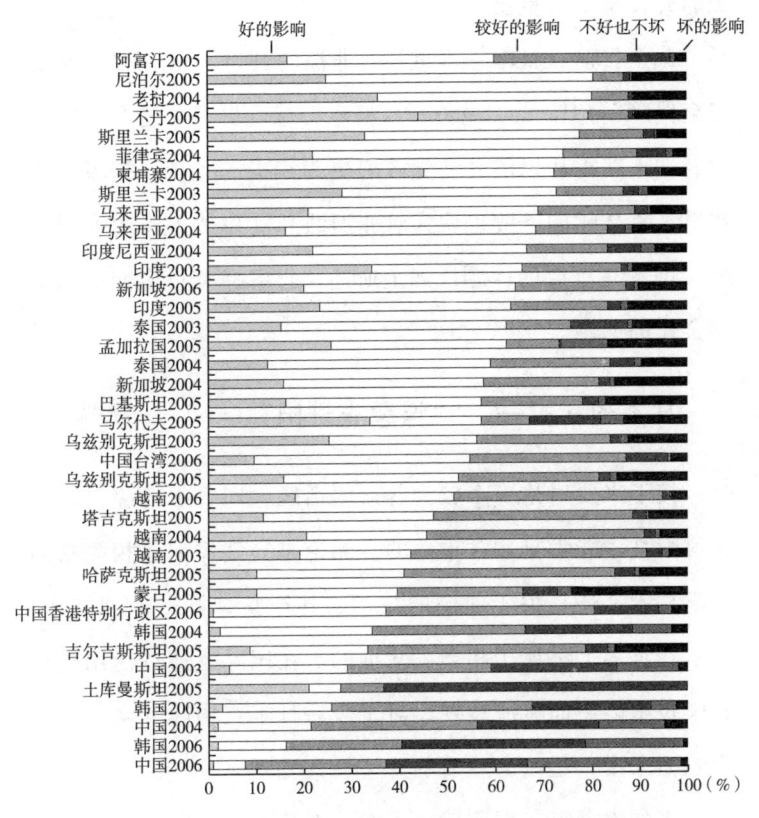

图 6－1　2003～2006 年日本在亚洲各国和地区的影响
（亚洲晴雨表调查）

这也不仅局限于个别课题（issue），关于地球相关问题的重要性的认识，日本政府一直以来的主张与奥巴马政府的主张也比较接近。具体来说，日本一直以来都强调气候变化问题的重要性，奥巴马政府也比布什政府更加重视这个问题。而且，奥巴马政府也主张，能源利用率的提高和替代能源的开发是十分重要的。

截至目前，日本一直重视对非洲的开发，以及"人类的安全保障"（Human Security）概念，这也更有可能在奥巴马政府这里获得比以前共和党政府更为积极的支持。据说，希拉里·克林顿国务卿也认为对非洲的开发和"人类的安全保障"问题是重要的课题。如上所述，日本拥有很多能够与美国合作的课题。

日本的科技——"课题先进国"

接下来要讨论一个较为普通的话题，即日本的综合国力中科学技术能力是非常重要的。无论是与气候变化相关联的科学技术，还是关于能源的技术，甚至整体制造业的技术，日本在世界上都属于相当高水准的。在国际上通过活用这种科学技术能力而有所展现，对于今后日本在国际社会上发挥影响力来说，是极为重要的。

正如本书第三章所述，人们并不是因为报酬（糖）和威胁（棒）而做出改变、付诸实践的，而是因为知识而改变，这一点在今后会越来越重要。

在环境方面，日本的技术引领世界。从日、美、欧注册的环境领域的知识产权专利来看，2004年以来，日本超过了美国和欧洲，成为世界第一（《日本经济新闻》2009年1月1日）。

2009年1月，日本发射了一颗温室效应气体观测卫星（GOSAT）——IBUKI。该卫星能够对地球上56000个地点的大气中的二氧化碳浓度进行观察记录。在此之前的研究是根据陆地上测量的二氧化碳浓度来推测地球整体的二氧化碳浓度的，但是海上的二氧化碳浓度一直都不为人所知。从此以后，根据IBUKI的观测结果，可以得知陆上、海上乃至整个地球上的二氧化碳浓度数据了。

如果日本利用这样的技术，进一步提高观测气候变化的精确度，就有可能在数据的基础上，在国际场合进行更加现实具体的讨论。

正如前述，关于气候变化问题，政府间气候变化专门委员会（Intergovernmental Panel on Climate Change，IPCC）汇集了国际上的知名科学家，对此提出各种大纲，并根据这些大纲来决定今后的政策方向。日本所拥有的科学技术能力能够提供这种作为国际政策指针的基础知识。

这就是东京大学校长小宫山宏提出的日本是"课题先进国"的观点（小宫山宏，《"课题先进国"日本》，中央公论新社)。用笔者的话来说，工业革命以来各种技术传播到世界各地，改变了当地社会，近代社会处于向"新中世"迈进的转型阶段，今后中国和印度等"近代圈"内的诸国也会经历同样的过程。其中，日本走在21世纪社会的最前沿，也就是说，日本社会将最先面对各种难题。

曾经经历了环境污染和破坏的日本，现在产生了环境优化技术。而现在，小宫山宏认为，对日本来说最重要的课题是人口老龄化问题。

人口老龄化问题今后在世界各国产生的概率极高。中国的人口老龄化问题也突然加剧，印度在未来也会迎来这一天。到那个时候，根据现在的想法所构建的社会有可能无法顺利运转。家庭究竟是什么？这种根本性的概念，以及老人要如何面对社会等问题，将会使人们不知所措。

日本现在正在这一领域进行各种各样的尝试，这种尝试本身就是人类知识的一种。日本将有效地整理和分析这些尝试，并且摸索出解决问题的对策。或者说，对这些尝试中所遭受的失败的整理本身，就可以成为国家综合实力和资源的一部分。这就是小宫山宏的看法。

组织日本所拥有的力量——"捆绑成束"的能力

从这个角度来看，即使在经济实力和军事实力等执行能力（硬实力）方面的地位相对较低，我们也不必感到悲观，日本仍然可以充分利用科学技术，在世界上扮演重要的角色。

然而，在日本确实拥有这种技术（资源）后，我们还必须考虑，日本目前为止的做法是否在未来也能行得通，很遗憾的是，笔者并不这么认为。换言之，从冷战以来的20多年来看，日本没有能够有效发挥自己所拥有的能力的情况很多。

回顾第三章发现，要想在现代世界体系中发挥能力，就必须提高陈述的真实性、承诺的可信性和表现的共鸣感。所谓陈述的真实性，就是指在世界知识共同体中，日本以及日本人所做出的陈述被认为是正确且能被接受的程度。正如前述，日本所拥有的科学技术能力是相当高的，因此，这对日本政府的代表在关于各种各样的地球资源可持续问题进行发言时发挥日本的影响力来说是极为有用的。

然而，现在日本的问题是，国内很多科学技术并没有得到充分有效的利用。虽然拥有科学技术能力，但由于科学技术能力分散在政府相关机构、民间企业、大学以及其他机构之中，日本目前还没有一个能够有效识别对国际政策的形成起决定性作用的科学技术能力，以及判断将这些科技成果向谁汇报才能得到反馈的机制。

2008年，日本内阁综合科学技术会议发表题为《面向科学技术外交的强化》的报告。具有划时代意义的是，这份报告首次在日本政府中提出了"科学技术外交"的说法。此前，由于科学技术主要是文部科学省管辖的领域，一直仅仅被认为是文部科学省的行政职能之一。现在看来虽是理所当然的事情，但那个时候日本从来没有想过把国际性的科学技术活动与日本外交结合在一起。大学研究者现今依然在国际竞争中从事科学技术研究。他们拥有各种各样的国际交流平台，并且在外国同行（counterpart）看来，他们在某一领域是十分优秀的。然而，以往在日本，除了相关人员以外，谁也不知道他们。

正如前面提到的，现在地球所面临的问题在不使用科学技术的基础上几乎是不可能得到解决的。但是，科学家和工程师不懂外交，而外交官和政治家又不懂科学技术，这种状况还会一直持续下去。

最重要的是，在日本的决策层面，必须建立一个对自身拥有的科学技术能力进行统筹的机制。日本应该放弃现在各省各自为政的纵向管理模式，正确把握大学及民间研究机构所进行的研究活动，从而判断出，在现在的外交课题中，哪些科学知识和技术是有用的，并且根据这些正确判断，在国际交涉的场合中将其提出来。在这个意义上，内阁综合科学技术会议可以发挥的作用是巨大的。综合科学技术会议与外交和安全保障的政策决定机制必须比现在更为紧密地融合在一起。

显然，陈述的真实性，即理论知识的正确性必须是与现实相对应的。但在国际交涉和世界讨论的场合中并不可能一一进行试验来证明其正确性。事实上，所谓的真实性，是指在学会、专业团体、国际组织和媒体的评价中被认为是"最有可能正确"的。在某种学问和问题的领域，世界上的专业人士不断地成立各种团体。说得不好听一点，在各种各样的领域中，有一群人经常见面和讨论，就如同黑手党（Mafia）组织一般。

国际政治学有时把这类人称为知识共同体（epistemic community）。而且，在很多情况下，所谓知识的"正确性"是根据这些知识共同体的意见产生的。日本的问题就在于，属于这些知识共同体的人比较少，而且这些人中能够与日本的政策决定直接相关的比例很小。

换言之，进行国际交涉的日本政府的代表，或是官僚或是政治家，大多数都不是这种知识共同体的成员。因此，他们发言的真实性（正确性）很难当场得到确认。相比而言，美国等国家经常突然任命这些知识共同体中有能力的本国成员担任交涉的负责人。因此，日本也应该加强培养能够兼任科学家和外交官的人才，派遣专家直接出席交涉现场。

进一步来看，运用知识、运作政治中所谓的知识并非仅限于自然科学和工科等领域，需要社会科学和人文科学知识的情况也有很多。比如在金融危机的对策、贸易保护主义的阻止、反恐策略、破产国家的援助等领域，具有必要的人文社科知识是十分重要的。笔者认为，在这些知识方面，日本官僚组织所拥有的知识质量本身并不低，但是从让世界接受这些知识并且在这些知识的基础上让世界行动起来这一点看，日本的能力还是很有限的。这也是能够持续参加知识共同体的人才不足的问题。

日本的官僚机构两至三年更换负责人的倾向比较强烈，很多人觉得没有必要向知识共同体介绍自己，因为这等于为后继者做嫁衣。日本政府也应该考虑各省局长级别官员的任职期限。在世界上各种各样的国际组织中担任重要职务的人才都是在各国担任过重要职务的人，其中45~50岁的居多。但在日本，大多数人在55岁以后才拥有各省局长级别的头衔，其后再前往国际组织就职，恐怕也要60岁以后了。日本有必要让更多有才能的年轻人担任局长职务，以便其能够在50岁出头的时候在国际组织中占据重要地位。

长期稳定的领导的必要性

除了陈述的真实性，综合国力中还有一个非常必要的因素，那就是承诺的可信性。一般来说，笔者认为，日本拥有言出必行的好评。因而，当日本宣称自己要做什么的时候，怀疑的人比较少。但是，日本的首相频繁更替，这种倾向使得承诺的可信性下降。

就拿气候变化问题来说,安倍晋三担任首相时曾提出"Cool Earth 50"的标语,主张到2050年减少50%的温室气体排放量。"Cool Earth 50"的目标如果达成,将是一件非常好的事情。然而,提出这一目标的安倍首相一年后辞去了首相之职。

其后继任的首相福田康夫在2008年1月的达沃斯(Davos)会议上提出"低碳革命"等主张,并且以2008年夏天的北海道洞爷湖峰会为契机做出了各种努力,终于向世界传达了"为了解决气候变化问题,日本将全力以赴"的信息;然而,福田首相此后不到一年就辞职了。

时任首相麻生太郎在2009年1月的达沃斯会议上不仅确定了日本在气候变化问题上的义务(commitment),而且承诺日本将提供1.5兆亿日元作为金融危机的对策。在达沃斯会议上各国首脑发表的演讲中,这个演讲本身提出了具体的政策,并获得全场好评。然而,因为日本的政权交替太频繁,人们不得不怀疑这位首相又能执政多久,因此相应的,其可信性就降低了。

进一步说,回顾第三章的讨论,我们知道有时候尽早决断也很重要。当然,急躁的判断经常导致不利的结果,但是当面对拥有类似"日期的游戏"的结构问题时,先决断的一方是有利的。如何立即做出正确的判断是极为重要的,在此基础上,有时候必须尽早做出决断。

从这两方面来看，日本现在的体制都存在问题。很多可持续发展问题不只属于一个省厅管辖的领域。在这种情况下决定游戏的结构时，关于日本的利弊，各省厅很难达成共识，即围绕什么样的解决办法对日本来说是有利的这一问题，各省厅间意见不一，彼此对立。其结果就可能是分析的延迟和决断的延误。

也就说，为了提高承诺的可信性，也为了基于确定的分析而尽早做出决断，日本必须拥有稳定的政权和强有力的首相领导。

基于共鸣的外交

和睦的家庭中，有为了让孩子高兴而十分努力工作的父母，也有为了不被父母讨厌而早点回家的孩子。但是，在国际政治中，这种力量很难产生作用。例如，举个极端的例子，中国不可能为了让日本人高兴而将东海的油气田让给日本来开发，小泉纯一郎首相也不可能为了不被中国人讨厌而停止参拜靖国神社。也就是说，基于共鸣的这种力量在国际政治中可能是十分稀少的现象。

然而，在现代国际政治中，一旦无视这个方面就会产生问题。原因有以下两点。第一，基于反感的负面效应确实存在。为了激怒对方，双方可能会专门做出对方不愿意看到的事情，这在国际政治中是有可能发生的。换言之，虽然增加共鸣很困难，但是至少应该做出减少反感的努力，这在国际政治中是极为重要的对策。

第二，世界上并不是没有人认为与日本合作是一件很好的事情。正如前面提及的亚洲晴雨表的舆论调查所显示的，这种想法在世界各国的国民中至少是潜在地存在的。奈教授（Joseph Samuel Nye）常常把软实力称为魅力，就是重视这一方面力量的体现。从这个方面来看，日本的动画和漫画，以及游戏等在世界上的广泛传播使得加强人们与日本和日本人的共鸣成为可能。

然而，对现在的日本来说，防止基于反感的负面影响的产生可能是最为紧急的课题。亚洲晴雨表调查展现了一个重要的倾向，即大多数国家对日本的评价很高，但相比而言，中国和韩国这两个邻国对日本的评价非常低。正如已经举例证实的那样，基于反感的负面影响最有可能发生在中国和韩国。哪怕是为了让中国和韩国的国民与日本国民之间的"共鸣"增加一点点，日本都必须促进留学、观光及其他人与人之间的交流活动。

危机后世界中的日本

世界要从现在的危机中走出来不是件容易的事情。不过，正如全书论述的那样，防止20世纪30~40年代的悲剧重演是有可能的。其后，在危机后的世界中，中国和印度等国的影响力可能会不断增强。那么日本又将是什么样的？正如本书所呈现的那样，后危机时代综合国力和领导能力不再只是依靠物理行为的实行能力，而转向依靠科技的能力。这样看来，日本今后很有可能发挥影响力，取得领导权。因为日本拥有通过提高知识水平来增强陈述的说服力的潜力。

然而，笔者认为现在这样的日本越来越不能充分发挥这种潜力。第二次世界大战以后形成的纵向决策和行政体系，对于世界上相对规模变小的日本来说，渐渐成为一种桎梏。要想百分之百地利用日本所拥有的资源，即使是精简机构也好，日本政府必须自己收集信息，构建能够尽早统筹全日本人民观点并做出决策的机制。

形式并不是最重要的。即使让内阁建立一个充当指挥塔的组织，大多数情况下，这个组织也只会变为一个形式上的指挥塔。所以，重要的是，掌握实权的重要大臣频繁会面，根据有能力的职员提供的信息，不分领域地进行讨论，总结出整个日本的政策。实现这一目标的前提是，必须尽早建立稳定的政治结构，创造出一个执政党和首相能够充分发挥领导能力的稳定环境。

不论是人口还是经济，日本在世界上的规模都在不断缩小，要想维持日本和日本人的幸福，就必须完完全全地利用所拥有的资源，减少消极的因素，增加与周边各国的共鸣，减少反感，这是日本当下的紧急课题。

译后记

田中明彦（1954~　），日本著名国际政治学者，现为东京大学东洋文化研究所教授。曾任东洋文化研究所所长（2002~2006）、日本国际政治学会理事长（2008~2010）、东京大学副校长（2009~2012）、日本国际协力机构（JICA）理事长（2012~2015）。

1977年，田中毕业于东京大学教养学部，随后留学美国麻省理工学院（MIT），1981年以博士学位论文"*Chinese International Conflict Behavior, 1949~1978*"取得该校政治学博士学位。麻省理工学院政治学科设立于1955年，因朝鲜战争后冷战加剧而产生，最早隶属于经济政治系，1965年独立为政治系，2015年正逢建系成立50周年。该系对亚太地区，尤其是东亚地区研究的传统较为深厚，如日本著名国际政治学者，也曾是东京大学教授的猪口孝（1944~　）、山影进（1949~　）两人，先后就读于此，并获得政治学博士学位；

又如早年频频在美国对日策略方面建言献策的理查德·J. 塞缪尔斯（Richard J. Samuels, 1951 ~ ）曾任该系主任，现作为该校国际研究中心主任依然活跃于学术界，影响力深远。

田中明彦对于日本国际政治学界的学术贡献在于——"体系"论的提出。留美归国后，他基于博士学位论文继续深入研究，尝试用"体系"论分析中日关系，出版了《日中关系 1945 ~ 1990》（东京大学出版会，1991）。此书虽被作者本人定位为一册普及性通史类读物，但日本的现代中国研究第一人、庆应义塾大学教授小岛朋之（1943 ~ 2008）却认为它"有着对国际关系理论及中日关系研究更为重要的意义"[①]。同时期，日本历经冷战结束、55 年体制终结、泡沫经济崩溃、外交陷入漂流期，使田中深感日本在世界重新定位的紧迫性。他出版了《世界体系》（东京大学出版会，1989），随后提出了本人的代表性概念——"新中世"（《新"中世"》，日本经济新闻社，1996）；此外，田中还意识到推动政治的要素发生着变动，又提出了"言辞政治"概念（《言辞政治》，筑摩书房，2000）。

除了学术活动，田中明彦更是日本政府各类顾问委员会

[①] 小島朋之「書評：田中明彦著『日中関係 1945 ~ 1990』（東京大学出版会、1991）」、『アジア研究』38（1）、1991 年、95 頁。